Ausführliche Informationen
über unsere Autoren und Bücher
finden Sie auf unserer Website
www.dtv.de

Winfried Ridder

VERFASSUNG OHNE SCHUTZ

Die Niederlagen der Geheimdienste im Kampf gegen den Terrorismus

Deutscher Taschenbuch Verlag

Originalausgabe 2013
© 2013 Deutscher Taschenbuch Verlag GmbH & Co. KG,
München
Das Werk ist urheberrechtlich geschützt. Sämtliche,
auch auszugsweise Verwertungen bleiben vorbehalten.
Umschlagkonzept: Balk & Brumshagen
Umschlaggestaltung: Helena Schneider
Satz: Bernd Schumacher, Friedberg
Druck und Bindung: Kösel, Krugzell
Gedruckt auf säurefreiem, chlorfrei gebleichtem Papier
Printed in Germany · ISBN 978-3-423-24980-5

Inhaltsverzeichnis

Vorwort

Im Frühjahr 2009 bat mich der Buch- und Fernsehautor Egmont R. Koch, an seiner ARD-Dokumentation ›Bubacks Mörder – Auf den Spuren eines Verbrechens‹ mitzuwirken. Ich erklärte mich dazu bereit, weil ich seit Längerem mit Sympathie die Bemühungen des Göttinger Chemie-Professors Michael Buback verfolgt hatte, der nach über dreißig Jahren endlich die Wahrheit über den Tod seines Vaters erfahren wollte. Dazu wollte ich einen Beitrag leisten.

Als sich abzeichnete, dass ich im späteren »Buback-Prozess« gegen das ehemalige RAF-Mitglied Verena Becker als Zeuge vernommen würde, nahm ich das zum Anlass, die Geschehnisse und Abläufe des »Deutschen Herbstes 1977«, die ich selbst als Referatsleiter im Bundesamt für Verfassungsschutz in der Terrorismusabwehr miterlebt hatte, noch einmal gründlich aufzuarbeiten, unter besonderer Berücksichtigung der Rolle der Geheimdienste. Ich ging zudem davon aus, dass die Tatsache, dass Verena Becker während ihrer Haftzeit in der JVA Köln-Ossendorf kurzfristig »eine Quelle des Verfassungsschutzes« war, so der Vorsitzende Richter des Sechsten Strafsenats des OLG Stuttgart in der späteren Urteilsbegründung, dazu führte, dass die Rolle des Inlandgeheimdienstes Verfassungsschutz in diesem Prozess von besonderem Interesse sein würde.

Als ich mich entschloss, in einem politischen Sachbuch insbesondere meine konkreten Erfahrungen in der Terrorismusabwehr über den linken Terrorismus aufzuarbeiten, war ich mir bewusst, dass ich hierbei nicht wenige Risiken einging. Dennoch wurde ich von einer »Intervention« des

BfV im Oktober 2011 überrascht, das schon vor der Veröffentlichung des geplanten Buches auf die einschlägigen Straftatbestände des Strafgesetzbuches hinwies. Das BfV sah sich zu dieser Warnung veranlasst, nachdem es über Monate die unterschiedlichsten Interview-Äußerungen von mir registriert hatte.

Das Bekanntwerden der Mordserie des »Nationalsozialistischen Untergrunds« (NSU) im November 2011 musste dazu führen, die bisherige Konzeption des Buches zu erweitern. Zwar hielt ich an der Aufarbeitung des linken Terrorismus als Schwerpunkt fest, bezog aber zugleich die aktuellen Entwicklungen im islamistischen und rechten Terrorismus in einer vergleichenden Darstellung mit ein. Zugleich ergab sich die Erfordernis, in einem abschließenden Kapitel auf das kollektive Versagen der Sicherheitsbehörden im Fall der rechtsterroristischen »Zwickauer Zelle« einzugehen.

Alle bisher vorliegenden Untersuchungsergebnisse über die Versäumnisse und Fehleinschätzungen insbesondere des Verfassungsschutzes kommen zu dem Schluss, dass es im Bereich der Terrorismusbekämpfung endlich zu einer grundlegenden Reform kommen muss. Mit dem Fortbestehen des »Irrgartens« (Süddeutsche Zeitung) von sechsunddreißig Behörden ist die innere Sicherheit zukünftig nicht zu gewährleisten.

Besonders schmerzlich werden die Konsequenzen für den Verfassungsschutz sein. Seine Bilanz seit mehr als vierzig Jahren in der Terrorismusabwehr ist eindeutig von Niederlagen bestimmt. Nicht einen einzigen schweren terroristischen Anschlag hat er verhindern können, auch wenn er im islamistischen und rechtsterroristischen Bereich durch seine Vorermittlungen an der frühzeitigen Entdeckung terroristischer Strukturen beteiligt war. Mit Ausnahme des Mordfalls Buback, wo das BfV in einer Erklärung gegenüber dem Oberlandesgericht Stuttgart die Tatbeteiligung der RAF-

Mitglieder Christian Klar, Günter Sonnenberg und Stefan Wisniewski feststellte, konnte er auch nicht zur Aufklärung beitragen. Abschied nehmen muss der Verfassungsschutz auch von dem nachrichtendienstlichen Mittel, das er bisher als unverzichtbar zur Erfüllung seiner Aufgaben angesehen hat: der traditionellen V-Person. Bei einer kritischen Aufarbeitung aller bekannt gewordenen V-Leute im linken Terrorismus und im rechtsextremistischen Spektrum komme ich zu dem Schluss, dass das Konzept der traditionellen V-Person gescheitert und nicht mehr zu verantworten ist.

Auch wenn es für einen ehemaligen Verfassungsschützer nicht einfach ist: Die Bekämpfung des gewalttätigen Extremismus gehört in eine Hand. Und dies kann nur die Polizei sein.

Die bisher vorgelegten Reformvorstellungen, insbesondere aus dem Bereich der Innenministerkonferenz, gehen teilweise in die richtige Richtung, sind allerdings letztlich keine Antwort auf die sichtbar gewordenen strukturellen, analytischen und operativen Defizite der Sicherheitsbehörden. Wenn insbesondere deren Analysefähigkeit und operative Kompetenz nicht grundlegend verbessert wird, bleibt die Verfassung weiter ohne Schutz.

Sankt Augustin, Frühjahr 2013

I Als Außenseiter im Geheimdienst

Im Bundestagswahlkampf 1969 hatte ich als Projektleiter der Friedrich-Ebert-Stiftung, zusammen mit einem Team von Juristen, Volkswirten und Dozenten aus der Polizei, eine Initiative gegen eine immer stärker werdende NPD angestoßen, um insbesondere in NRW deren Vormarsch zu stoppen. Mit Hunderttausenden von Broschüren und zahlreichen Informationsveranstaltungen versuchten wir, »Argumente für die Demokratie – gegen die NPD«[1] gezielt in den Regionen, in denen die NPD an entsprechende Strukturen und Einstellungen anknüpfen konnte, zu vermitteln. Die Tatsache, dass am Wahltag in NRW die NPD mit 4,3 Prozent deutlich unter der Fünf-Prozent-Hürde lag, trug schließlich wesentlich dazu bei, dass die NPD auch im Bund an der Fünf-Prozent-Hürde scheiterte und dadurch erst die Bildung der sozialliberalen Koalition möglich wurde. Im Zusammenhang mit dieser Initiative kam es punktuell auch zu einer Zusammenarbeit mit Mitarbeitern des Bundesamtes für Verfassungsschutz, die ganz unbürokratisch ihnen vorliegende Informationen über Strukturen und Führungskader der NPD zur Verfügung stellten. Als ich dann einige Jahre später eine neue berufliche Orientierung suchte, war es also nicht abwegig, eine Bewerbung auch an das Bundesamt für Verfassungsschutz in Köln zu richten.

Ich dachte damals überhaupt nicht daran, dass ich mich mit diesem Schritt in ein Milieu begab, dessen »Verhaltensweisen« meine liberale und gesellschaftskritische Einstellung schwer auf die Probe stellen würden. Es hätte mich schon stutzig machen können, dass das Vorstellungsgespräch 1972, bei dem damals amtierenden Präsidenten Dr. Günther Nollau, so schleppend und unbefriedigend verlief. Ich hatte immer die Vorstellung eines positiven Verfassungsschutzes gehabt, der als Frühwarnsystem Tendenzen und Entwicklungen extremistischer und terroristischer Gruppen analysierte und sie der Politik frühzeitig zur Verfügung stellte. Stattdessen erlebte ich einen Gesprächspartner, der hauptsächlich auf die Berichtspflicht des BfV gegenüber dem Innenministerium hinwies und die besondere Sorgfaltspflicht im Berichtswesen herausstellte. Erst später sollte ich erfahren, zu welchen bürokratischen und buchhalterischen Auswüchsen eine solche Denkweise führen musste.

Meine Tätigkeit im BfV nahm ich im Jahr 1973 auf. Ich wurde zunächst der »Zentralen Schule von Bund und Ländern für den Verfassungsschutz« als Dozent im Fachbereich Rechtsextremismus zugeteilt. Das erschien mir anfangs logisch zu sein, angesichts meines sozialwissenschaftlichen und pädagogischen Profils. Andererseits stellte ich sehr schnell fest, dass eine anwendungsorientierte Ausbildung die Kenntnis der nachrichtendienstlichen Praxis voraussetzte. Und das war bei mir natürlich nicht der Fall. Doch richtig zum Problem wurde das erst im Krisenjahr 1977, als ich im Februar ein wichtiges Referat in der Auswertung in der sich zu diesem Zeitpunkt personell neu formierenden »Abteilung Terrorismus« übernahm. Ich kannte weder ein Aktenzeichen noch das nachrichtendienstliche Informationssystem (NADIS). Ich wusste nicht, was eine »P-Akte« von einer »S-Akte« unterschied und wie eine Quellenmeldung bewertet wurde. Das hatte zur Folge, dass ich mich in der Anfangsphase hilflos einem gewaltigen Informationsaufkommen gegenübersah, das ich ohne hervorragende Sachbearbeiter nicht bewältigt hätte. Um diese Abhängigkeit nicht zu einem Problem werden zu lassen, musste ich innerhalb kürzester Zeit die handwerklichen Defizite beseitigen und mir überdies das »Vorgangswissen« aneignen, das seit Ende der 60er-Jahre angefallen war. Gleichzeitig wurde mir rasch klar, dass die terroristischen Aktionen die Stunde der Polizei waren – und nicht der Dienste. Außerordentlich prägnant war diese Erfahrung bei dem Anschlag auf den Generalbundesanwalt Siegfried Buback am 7. April 1977 in Karlsruhe, bei welchem die Dienste – entgegen mancher Spekulationen – zu einer ausgesprochenen Statistenrolle verurteilt waren, weil es ihnen nicht gelungen war, zuvor, in der Phase der Neuorganisation der RAF 1975/1976, eine menschliche Quelle in der Gruppierung zu platzieren.

Sehr schnell kam ich in meiner neuen Aufgabe zu einer herausgehobenen Rolle, weil ich das »Glück« hatte, zuständig zu sein für die Auswertung aller Informationen aus dem Bereich der RAF, der »Bewegung 2. Juni«, der »Revolutionären Zellen« und darüber hinaus auch der »Carlos-Gruppe«, die sich 1976 von Wadi Haddads palästinensischer Terrorgruppe PFLP-SC abgespalten und als eigenständige terroristische Gruppierung unter starker Beteiligung deutscher Terroristen formiert hatte. Aus den mir vorliegenden Informationen hatte ich über viele Jahre die zentrale Lageeinschätzung von Bund und Ländern vorzunehmen.

Das Bundesamt für Verfassungsschutz mit Sitz in Köln wurde 1950 gegründet und stand zunächst unter der Aufsicht der Alliierten, als »Stelle zur Sammlung und Verbreitung von Auskünften über umstürzlerische, gegen die Bundesregierung gerichtete Tätigkeiten«. Es hatte von Anfang an keine polizeilichen Befugnisse. Dieses »Trennungsgebot« ist gesetzlich festgelegt und resultiert aus den Erfahrungen mit der Gestapo als politischer Polizei im Dritten

Reich. Dennoch waren in der Nachkriegszeit viele ehemalige Gestapo-Mitarbeiter tätig. 2010 wurde vom damaligen Präsidenten Heinz Fromm eine Kommission eingesetzt, die diese Verbindungen untersuchen soll.

Die historischen Belastungen, die das BfV in der Gründungsphase prägten, hatten zwar zwischenzeitlich ihre Bedeutung für die aktuelle Arbeit verloren. Aber die Arbeit des Verfassungsschutzes war in den 70er-Jahren so stark in den Sog der Folgen des sogenannten Radikalenerlasses 1972 geraten, dass die daraus resultierende »Sammelwut« den ohnehin schlechten Ruf noch weiter beschädigte. Als ich eines Tages darauf aufmerksam gemacht wurde, dass die »Abteilung Linksextremismus« Personenakten über zwei ehemalige Juso-Vorsitzende führte, an deren politischer Integrität es überhaupt keinen Zweifel gab, nahm ich das zum Anlass, die Arbeitsweise des BfV in diesem Bereich deutlich zu kritisieren. Es stellte sich heraus, dass die von mir angeführten Fälle keine Einzelfälle, sondern beispielhaft waren. Einen grundlegenden Wechsel in der Arbeitsweise erreichte ich nicht. Auch nicht als ich mich an den damaligen Bundesinnenminister Gerhart Baum wandte. Noch Jahre später stellten Mitarbeiter des ersten Datenschutzbeauftragten Professor Peter Bull fest, dass die inkriminierten Akten nicht »geschreddert« sondern lediglich »verschoben« worden waren.

Im Frühjahr 1989 hatte ich erneut Grund, auf eine Fehlentwicklung hinzuweisen, diesmal im Bereich des Rechtsextremismus. Ich hatte die Entwicklungen in diesem Bereich immer aufmerksam verfolgt und fand es nicht hinnehmbar, dass die Verfassungsschutzbehörden es zu diesem Zeitpunkt abgelehnt hatten, die nachrichtendienstliche Beobachtung der Republikaner zu beschließen. In einem Thesenpapier, das ich an eine Reihe von Innenministern sandte, führte ich den Nachweis, dass aus meiner

Sicht die Voraussetzungen gegeben seien, die Republikaner als »Beobachtungsobjekt« zu führen. Dieser Vorgang brachte mich an den Rand eines Disziplinarverfahrens. Dankenswerterweise kam mir DER SPIEGEL zu Hilfe, der in einem Beitrag die Frage aufwarf, ob die Bundesrepublik es sich leisten könne, gegen einen Mitarbeiter des Verfassungsschutzes vorzugehen, der sich in besonderem Maße gegen die damals bedrohliche Entwicklung im Rechtsextremismus engagiere, und es zugleich hinnehmen könne, dass ein anderer Mitarbeiter des Verfassungsschutzes als Berater für die Republikaner tätig sei.

Die Wende des Jahres 1989 gab nun allen Anlass, über die Perspektiven der geheimdienstlichen Arbeit erneut nachzudenken. In den Diensten selbst herrschte zunächst eine weitgehende Sprachlosigkeit. Dies änderte sich, als die Fachgruppe »Verfassungsschutz« in der ÖTV ein Reformkonzept entwickelte und dieses im Zusammenhang mit der Neuformierung des »Amtes für nationale Sicherheit« den zuständigen Stellen der DDR zur Verfügung stellte. Im BfV kam es zu einem Aufstand über dieses »Kooperationsangebot«. Dabei wurde mir deutlich, dass meine grundlegenden Zweifel an der Perspektive des bisherigen Verfassungsschutzmodells von nur ganz wenigen geteilt wurden.

Für mich hatte das Vorgehen der Stasi jede geheimdienstliche Arbeit diskreditiert. Zugleich ging ich davon aus, dass nach dem Scheitern zweier totalitärer Systeme – und deren Geheimapparate – auf deutschem Boden grundsätzliche Fragen nach der Daseinsberechtigung von Geheimdiensten und deren Aufgabenstellung nötig seien. Ich sah in dieser Phase die Chance und Notwendigkeit, auf der Grundlage neuer Bedrohungsanalysen über eine veränderte Sicherheitsarchitektur nachzudenken. Doch wie selbstverständlich entwickelte die Sicherheitsbürokratie der alten BRD mit Billigung der Politik ein Verfassungsschutzkonzept, das die neuen Bedingungen völlig unberücksichtigt ließ. Die strukturellen und personellen Voraussetzungen für die Errichtung neuer Landesämter für Verfassungsschutz waren in den neuen Ländern Anfang der 90er-Jahre nicht gegeben. Zahlreiche Verfassungsschützer aus den alten Ländern übernahmen jedoch schon bald wichtige Führungsaufgaben in den neuen Ämtern – mit verheerenden Konsequenzen, wie sich später, nicht nur in Thüringen, zeigen sollte.

Die Frage nach der grundsätzlichen Perspektive des Verfassungsschutzes und seiner Leistungsfähigkeit stellte sich wieder, als bekannt wurde, dass die Anschläge vom 11. September 2001 einen entscheidenden Ausgangspunkt in der Hamburger Marienstraße 54 hatten. Etliche der beteiligten neunzehn Terroristen hatten lange dort gelebt und studiert, darunter der »Kopf« der Gruppe, Mohammed Atta, der eines der entführten Flugzeuge in das World Trade Center gesteuert hatte. Und über deutsche Banken floss Geld für ihren Aufenthalt in Amerika. Der Hamburger Verfassungsschutz musste unmittelbar nach »9/11« nicht nur einräumen, dass er keinerlei Erkenntnisse über die Gruppe um Atta gehabt hatte, sondern auch, dass ihm letztlich alle strukturellen und personellen Voraussetzungen fehlten, um dem »neuen Terrorismus« zu begegnen. Doch angetrieben von der Politik stürzten sich die Dienste Anfang 2002 auf die neue terroristische Bedrohung, um zehn Jahre später im November 2011 nach der Enttarnung der »Zwickauer Zelle« feststellen zu müssen, dass sie die zunehmende Bedeutung des gewalttätigen Rechtsextremismus nicht rechtzeitig erkannt hatten. Heute geht es um mehr als eine Vertrauenskrise und einen »Mentalitätswechsel«. Es geht um die Existenz des Verfassungsschutzes.

II Blinde Flecken

Der »Deutsche Herbst« war bisher ausschließlich mit den Ereignissen des Jahres 1977 verbunden. Doch wenn man im Rückblick den Überfall des »Schwarzen September« am 5. September 1972 auf die Olympischen Spiele in München, die Vorbereitungen für den Anschlag auf das World Trade Center in New York am 11. September 2001 in Hamburg und die Entdeckung der Aktivitäten der »Zwickauer Zelle« am 4. November 2011 in ihrer vollen Dimension betrachtet, muss man zu dem Ergebnis kommen, dass diese terroristischen Akte in nichts hinter den Ereignissen des Jahres 1977 zurückstehen und jeweils einen neuen »Deutschen Herbst« begründen. Das Versagen der Sicherheitsbehörden, und hier insbesondere der Geheimdienste, brachte den Staat in allen Fällen an die Grenze seiner Autorität.

In den 70er-Jahren waren Geheimdienste und Sicherheitsbehörden konzeptionell und operativ nicht auf die terroristischen Herausforderungen eingestellt. Das Bundeskriminalamt (BKA) hatte kein realistisches Bild von der RAF, ihrer Struktur, ihrem Potenzial und ihrer internationalen Einbindung. Dem Auslandsgeheimdienst, dem Bundesnachrichtendienst (BND), fehlten sogar noch 1977 alle Voraussetzungen, um einen eigenen operativen Beitrag in der Terrorismusbekämpfung zu leisten. Er wurde höchstens in Einzelfällen auf Aufforderung hin in Amtshilfe tätig. Das Bundesamt für Verfassungsschutz (BfV) hatte sich mit einer Abhöraktion (»Lauschangriff«) in die Verdächtigung eines Atom-Managers verrannt (»Affäre Traube«) und diesen zum höchsten Sicherheitsrisiko hochstilisiert. Das führte in den folgenden Jahren, und nicht zum letzten Mal, zu einem verheerenden Vertrauensverlust in der Bevölkerung.

Nach dem Überfall des palästinensischen Terrorkommandos »Schwarzer September« auf die Israelische Olympia-Mannschaft in München 1972 und dem anschließenden Fiasko bei der Geiselbefreiung stand die »Innere Sicherheit« zwar ganz oben auf der Tagesordnung, aber die organisatorischen Voraussetzungen für eine effizientere Terrorismusbekämpfung waren erst 1975 erfüllt. Erst zu diesem Zeitpunkt wurden im Bundeskriminalamt und im Bundesamt für Verfassungsschutz die entsprechenden Abteilungen TE (Terrorismus) und Abt. VII (Linksterrorismus) etabliert. Sinnigerweise baute das Ministerium für Staatssicherheit (MfS) in diesem Jahr ebenfalls seine entsprechende Hauptabteilung XXII (Terrorbekämpfung) auf. Auch hierfür spielten die Vorgänge um die Olympischen Spiele in München die entscheidende Rolle. Minister Erich Mielke wollte auf jeden Fall vermeiden, dass es eine vergleichbare »Aktion« anlässlich der Weltjugendfestspiele 1976 in Ostberlin geben würde.

Es gab zahlreiche »blinde Flecken« in der nachrichtendienstlichen und polizeilichen Aufklärungsarbeit während der »Offensive 77« der RAF. Es erscheint aus heutiger Sicht zum Beispiel unvorstellbar, dass die palästinensische Achse, an der Spitze der Arzt Dr. Wadi Haddad, im Lagebild der Geheimdienste und der Polizei nicht existierte und erst im Oktober 1977 mit der Entführung der Lufthansa-Maschine »Landshut« sichtbar wurde. Für alle deutschen Terrorgruppen, die »Rote Armee Fraktion« (RAF), die »Bewegung 2. Juni« und die »Revolutionären Zellen« (RZ), hier vor allem die »Internationale Sektion«, war Haddad ein Bündnispartner, der bis zu seinem Tod im Juli 1978 ein perfektes Netzwerk geschaffen hatte, in dem er die entscheidenden Fäden zog. Es ist durchaus statthaft, Wadi Haddad (Kampfname: Abu Hani) den Osama Bin Laden der 70er-Jahre zu nennen. Im Verfassungsschutzbericht des Bundesinnenministers von 1977 jedoch erscheint sein Name in dem Beitrag »Linksextremistische Bestrebungen« an keiner Stelle. Auch das Bundeskriminalamt hatte von der Existenz der militantesten palästinensischen Gruppe, der »Popular Front for the Liberation of Palestine-Special Command« (PFLP-SC) unter seiner Leitung erst während des »Deutschen Herbstes« Kenntnis genommen. Stattdessen war man im BKA lange Zeit davon ausgegangen, dass die »Palästinensische Befreiungsorganisation« (PLO) der geeignete Gesprächspartner sei, um über den Verbleib und Aufenthalt gesuchter deutscher Terroristen entsprechende Informationen zu erhalten.

Die damaligen operativen Defizite hatten mehrere Ursachen. Einige lassen sich auf den Umstand zurückführen, dass alle deutschen terroristischen Gruppierungen sich inzwischen eingehend mit den geheimdienstlichen Methoden befasst und ihre Konsequenzen gezogen hatten: Sie arbeiteten nun selbst nach nachrichtendienstlichen Grundsätzen wie Tarnung, Konspiration, dem Einsatz von Codierungen oder dem Prinzip des »need-to-know«, bei dem nur derjenige Informationen erhält, der sie für einen Auftrag unmittelbar braucht. Die Terroristen hatten sich eben genauso intensiv mit den Geheimdiensten beschäftigt wie umgekehrt. Auch wenn beide sich selten begegnet sind.

Deshalb konnten die Geheimdienste die Polizei bei ihren Fahndungsmaßnahmen im Jahr 1977 nicht unterstützen. Zwar hatte der Verfassungsschutz relativ lückenlos der Polizei jeweils berichtet, welche legalen RAF-Mitglieder sich der Beobachtung der Sicherheitsbehörden entzogen hatten und von welchem Zeitpunkt an. Doch danach verloren sich die Spuren in den illegalen Strukturen, die die RAF zur Vorbereitung der »Offensive 77« aufgebaut hatte.

Ein Geheimdienst hätte der Bundesregierung und damit dem Krisenstab jedoch wertvolle Informationen geben können, wenn er dies gewollt hätte: der israelische Mossad. Er war 1977 mit mindestens zwei Quellen in der PFLP-SC vertreten, die die Entführung einer deutschen Verkehrsmaschine zur Unterstützung der RAF vorbereitete. In der ARD-Dokumentation ›Tödliche Schokolade‹[2] berichtet ein ehemaliger Agent des Mossad von einer menschlichen Quelle im unmittelbaren Umfeld von Wadi Haddad, die vorrangig die Aufgabe hatte, ihn zu liquidieren. Seit Anfang der 70er-Jahre war der Mossad auf Haddads Spur gewesen. Erst im Frühjahr 1977 jedoch ergab sich eine Gelegenheit. Der Mossad erhielt die Chance, die »Sucht« Wadi Haddads nach belgischen Pralinen für seine Zwecke zu nutzen. Ein Jahr später zeigten die vergifteten Süßigkeiten die gewünschte Wirkung.

Die deutsche Bundesregierung erfuhr von all dem nichts. Die Tatsache, dass die deutsche Regierung nicht rechtzeitig und umfassend informiert wurde, ging nicht, wie Agenten des Mossad in besagter ARD-Dokumentation andeuteten, auf die angebliche Notwendigkeit eines »Quellenschutzes« zurück, sondern hatte ausschließlich politische Gründe. Wie die seit 2007 zugänglichen Akten des Auswärtigen Amtes ausweisen, waren vor allem die politischen und damit auch die nachrichtendienstlichen Beziehungen zwischen der Bundesrepublik und Israel nachhaltig gestört. Nach dem desaströsen Ausgang der Geiselbefreiung in München 1972 und dem gescheiterten Anschlag auf eine israelische El-Al-Maschine im Januar 1976 in Nairobi, den ein Kommando der PFLP-SC mit Unterstützung von drei oder vier RAF-Mitgliedern vorbereitet hatte, war so gut wie gar kein Vertrauen mehr vorhanden. Das hatte zur Folge, dass die Bundesregierung in einer für sie existenziellen Frage, bei der Entführung der Lufthansa-Maschine »Landshut«, nicht von der israelischen Regierung über die vorliegenden Informationen unterrichtet wurde.

Der »Deutsche Herbst« des Jahres 1977 fand ohne die deutschen Geheimdienste statt. Sie spielten lediglich eine Statistenrolle. Zwei Personen beherrschten das damalige Krisenmanagement: Bundeskanzler Helmut Schmidt und BKA-Präsident Horst Herold. Beide genießen aufgrund ihrer Lebensleistungen und ihres hohen Alters heute ein außergewöhnlich hohes Ansehen. Dennoch muss man sich insbesondere kritisch mit dem Bild auseinandersetzen, das der BKA-Präsident von der RAF gezeichnet hat und das Grundlage der entwickelten Fahndungsstrategien und der politischen Entscheidungen gewesen war. Im Lichte heutiger Erkenntnisse lässt sich festhalten, dass seine Einschätzung der RAF weitgehend nicht der Realität entsprach. Auch die von Herold entwickelten Fahndungsinstrumente, wie die polizeiliche Rasterfahndung und Dateien wie PIOS, BEFA etc., hatten zwar grundsätzlich ihre Berechtigung und haben sie auch weiterhin, ihre Ergebnisse waren und sind jedoch nicht überzeugend.

Bemerkenswert ist auch die Tatsache, dass in den 70er-Jahren die Auswärtige Politik so gut wie keine Rolle in der strategischen Ausrichtung der Terrorismusbekämpfung spielte. Heute geben die Unterlagen des Auswärtigen Amtes hervorragend Auskunft über die Bedeutung der Auswärtigen Politik für den damaligen transnationalen Terrorismus

Blinde Flecken haben auch fast fünfunddreißig Jahre später bei den Menschen in Deutschland Entsetzen, Wut und Fassungslosigkeit ausgelöst, als im November 2011 in Eisenach die Existenz einer rechtsterroristischen Zwickauer Zelle »Nationalsozialistischer Untergrund« (NSU) bekannt wurde.

Die Mitglieder dieser Zelle, Uwe Mundlos, Uwe Böhnhardt und Beate Zschäpe, hatten sich am 26. Januar 1998 im zeitlichen Zusammenhang mit der Entdeckung ihrer Bombenwerkstatt in Jena der Beobachtung der Sicherheitsbehörden entzogen und in den folgenden Jahren gezielt mindestens neun Personen mit Migrationshintergrund und eine Polizeibeamtin getötet. Völlig unerkannt. Hinzu kamen im gleichen Zeitraum mindestens vierzehn Banküberfälle und zwei Sprengstoffanschläge in Köln.

Für jeden Experten musste klar sein, dass dieser Personenkreis wie alle vergleichbaren terroristischen Gruppen schon bald gezwungen sein würde, eine illegale Infrastruktur aufzubauen und dabei auch die logistische Unterstützung eines größeren Personenkreises in Anspruch zu nehmen. Die eigentliche Dramatik liegt für mich in der Tatsache, dass es dem gesamten Sicherheitsapparat der Bundesrepublik Deutschland insbesondere in den Jahren 1998/99 trotz vergleichsweise günstiger nachrichtendienstlicher und polizeilicher Bedingungen nicht gelang, die konspirativen Strukturen dieser Gruppe zu ermitteln. Wenn es nicht gelang, diesen Personenkreis zu fassen, dann erscheint es völlig unwahrscheinlich, dass vergleichbare Kleinstgruppen überhaupt mit Erfolg bearbeitet werden können.

Die Ursachen dafür sind für meine Begriffe vor allem gravierende analytische und operative Schwächen des Bundesamtes für Verfassungsschutz. In seiner zusammenfassenden Berichterstattung im Jahre 2004 hatte es festgestellt: »Gleichwohl bleibt festzuhalten: Derzeit sind in Deutschland keine rechtsterroristischen Organisationen und Strukturen erkennbar.«[3] Ein solcher Befund musste zur Verharmlosung und Bagatellisierung des gewalttätigen Rechtsextremismus führen. Notwendig wäre gewesen, die Strategiediskussion der 90er-Jahre aufzuarbeiten und vor der Entstehung eines »führerlosen Widerstands«, d. h. vor autonomen Zellen, bürgerlich getarnt, zu warnen. Dies bestätigt die Aussage des ehemaligen BfV-Präsidenten Heinz

Fromm vom 27. November 2011: »Wir haben die jetzt bekannt gewordenen Täter nicht wirklich verstanden. Wir haben die Dimension ihres Hasses ebenso unterschätzt wie ihren Willen zur Tat.«[4] Die Geheimdienste der BRD konnten seit Mitte der 70er-Jahre keinen wirklichen Beitrag zu einer erfolgreichen Terrorismusbekämpfung leisten. Die Mordserie der »Zwickauer Zelle« schließt einen Kreis von schwersten Straftaten, die nicht verhindert werden konnten: München 1972, Stockholm 1975, OPEC-Konferenz 1975 in Wien, die Entführung von Peter Lorenz 1975, die Entführungen und Anschläge im Deutschen Herbst 1977, die Entführung des Industriellen Palmers, der Anschlag auf den hessischen Wirtschaftsminister Karry 1981, die Attentate auf den MTU-Manager Ernst Zimmermann(1985), den Siemens-Manager Karl-Heinz Beckurts (1986), den Ministerialdirektor Gerold von Braunmühl (1986), den Chef der Deutschen Bank Alfred Herrhausen (1989), den Chef der Treuhandanstalt Detlev Karsten Rohwedder(1991). In allen diesen Fällen haben die Geheimdienste auch zu einer späteren Aufklärung nichts beitragen können. Der Zeitpunkt ist daher gekommen, aus dieser bitteren Erfahrung die Konsequenzen zu ziehen. Es spricht angesichts der Erfolglosigkeit der Geheimdienste alles dafür, endlich den Dualismus von Polizei und Verfassungsschutz in der Terrorismusbekämpfung aufzulösen und dem polizeilichen Staatsschutz die alleinige Zuständigkeit und damit Verantwortung für die Abwehr terroristischer Gewalt zu übertragen. Trotz der schweren Fehler, die auch von den Länderpolizeien begangen wurden. Insbesondere des BKA ist grundsätzlich gut aufgestellt um die Herausforderung zu bestehen. Ganz wichtig ist, dass die Polizei ihre traditionellen analytischen Schwächen überwindet, stärker als bisher strukturell statt verfahrensmäßig denkt und ihr ein erheblicher Ausbau der operativen Ressourcen gelingt.

III Die Geheimdienste und die terroristische Herausforderung Mitte der 70er-Jahre

Das 60-jährige Bestehen im Jahre 2010 nahmen die Geheimdienste – und auch das BKA – zum Anlass, sich mit ihrer Geschichte auseinanderzusetzen. Der Jahrestag war kein Grund zum Feiern, wohl aber ein Beweggrund, Historikern den Auftrag zu erteilen, die Geschichte dieser Behörden objektiv aufzuarbeiten und die Ergebnisse der Recherchen der Öffentlichkeit vorzulegen. Doch schon die bereits vorhandenen Publikationen über die einzelnen Sicherheitsbehörden zeichnen, zumindest für die Gründerjahre, ein wahres Horrorgemälde. Ein hoher Anteil ehemaliger NS-Mitglieder im Lenkungs- und Leitungsbereich und ein überaus reaktionäres und konservatives Milieu prägten den gesamten Sicherheitsbereich. Der Graben zwischen dem, was sich im Zusammenhang mit dem »Roten Jahrzehnt«[5] zwischen 1967 und 1977 in der Gesellschaft der Bundesrepublik an emanzipatorischen Prozessen vollzog, und dem, was in den Sicherheitsbehörden begriffen wurde, hätte tiefer nicht sein können.

Das Unverständnis war das eine, das so gänzlich neue »Feindbild« – nicht nur für die »Ehemaligen« – das andere. Die Sicherheitsbehörden orientierten ihre Lagebilder, Organisationsstrukturen und Abwehrmaßnahmen an »bekannten Gefahren«, wie der Bedrohung der Sicherheit durch kommunistische Subversion, der Bedrohung durch Spionage und Sabotage, der Gefahr des Marxismus und einer Volksfront, der Extremisten im Öffentlichen Dienst und der Bedrohung der Bundesrepublik durch die neue Ostpolitik.

Daran änderte auch der »Machtwechsel« 1969 mit dem neuen Bundeskanzler Willy Brandt grundsätzlich nichts. Lediglich beim BND in Pullach installierte Kanzleramtschef Ehmke eine neue Führungsmannschaft, die sich zunächst engagiert an die Arbeit machte. Ihr Ziel: »Aus einem Freikorps eine Behörde machen.«[6] Dass der deutsche Auslandsnachrichtendienst auch eine wichtige Aufgabe bei der Informationsbeschaffung aus dem Bereich des internationalen Terrorismus hatte, wurde jedoch mit voller Konsequenz erst zehn Jahre später, nach der Niederlage von RAF und Staat, von BND-Präsident Klaus Kinkel erkannt.

Das Bundesamt für Verfassungsschutz und die elf Landesämter für Verfassungsschutz waren von ihrer Gründung an mit der Sammlung und Auswertung von Informationen über die unterschiedlichen extremistischen Potenziale befasst. Doch das Urteil über ihre Leistungsfähigkeit könnte vernichtender nicht sein. Dieter Schenk, Autor einer Biografie von BKA-Präsident Herold, stellte nüchtern fest: »In der Bekämpfung des Terrorismus hat der Verfassungsschutz kläglich versagt.«[7] Ein solches Urteil war zum damaligen Zeitpunkt mindestens verfrüht und einseitig. Und übersah großzügig die Schwächen der Polizei. Andere Autoren[8] kamen zu dem Schluss, dass der Verfassungsschutz im Gegenteil sogar »Geburtshilfe« bei der Entstehung des linksterroristischen Terrorismus geleistet habe. Das wäre zwar eine unverantwortliche »Leistung« gewesen, unterstellt aber zumindest, dass der Verfassungsschutz sein Handwerkszeug in der Entstehungsphase des linken Terrorismus verstanden hat. Das mag für einzelne Behörden wie das Berliner Landesamt gegolten haben, traf pauschal aber gewiss nicht zu. Dafür ist das Versagen bei der Entdeckung der »Zwickauer Zelle« eine sehr aktuelle Bestätigung. Einig waren sich viele Experten bisher in dem Urteil, dass die Geheimdienste vor allem in operativen Fragen mit erheblichen Problemen zu kämpfen hatten. Die völlige Fehleinschätzung des Rechtsterrorismus in den letzten zehn Jahren (»Derzeit sind in Deutschland keine terroristischen Strukturen erkennbar«)wirft nun auch die Frage nach der analytischen Kompetenz des Verfassungsschutzes – und damit die Frage nach seiner Perspektive und Zukunftsfähigkeit schlechthin – auf.

Zu den von der Politik zu verantwortenden Fehlern gehört meines Erachtens die Auswahl des Führungspersonals im Bundesamt für Verfassungsschutz. Ein Kritiker beschreibt einige der ehemaligen Präsidenten des BfV voller Sarkasmus:»Der erste ging in die DDR, kam zurück, ging ins Zuchthaus und wurde dann begnadigt. Der zweite stolperte über seine NS-Vergangenheit. Der dritte über einen Spion im Kanzleramt. Der vierte über einen ungeklärten Autounfall mit Todesfolge. Der fünfte über einen eigenen Agentenjäger.«[9] Nicht erwähnt hat er den übelsten Fall: Holger Pfahls. Einen Mann, den die Beschäftigung mit dem nachrichtendienstlichen Geschäft so fasziniert hat, dass er später selbst in den Untergrund ging, mit gefälschten Pässen und einigen Millionen des Waffenhändlers Schreiber, und auch dem letzten Präsidenten Heinz Fromm sollte kein honoriger Abschied vergönnt sein.

Im Bundeskriminalamt in Wiesbaden trat 1971 ein Mann sein Amt an, der seine neue Aufgabe zum Lebensinhalt machte und der Terrorismusbekämpfung in den 70er-Jahren seinen unverwechselbaren Stempel aufdrückte, Dr. Horst Herold. Ein Jahr später wurde Günther Nollau Verfassungsschutzpräsident. Er hob sich von seinen Vorgängern deutlich ab. Nollau war ausgewiesen als Experte aller Richtungen und Strömungen des wissenschaftlichen Kommunismus, hatte sich auch publizistisch mit dem Anarchismus und Trotzkismus auseinandergesetzt und bei seinem Amtsantritt zu erkennen gegeben, dass es zu einer neuen

Schwerpunktbildung in der Bekämpfung linksextremistischer Bestrebungen kommen müsse. So schlug er schon drei Wochen nach seiner Berufung dem damaligen Bundesinnenminister Hans-Dietrich Genscher die Bildung einer neuen »Abteilung Terrorismus« im BfV vor.[10] Die Tatsache, dass es erst im Jahre 1975 so weit war, ist ein Indiz dafür, wie schwer sich die Behörde »Verfassungsschutz« tat. Die Bedrohung aus dem Osten machte die Verfassungsschützer blind für die sicherheitsrelevante Gefährdung des Landes durch den nationalen und vor allem den transnationalen Terrorismus. Aber auch vonseiten der Politik erhielten transnationale Terroristen und damit die außenpolitischen Komponenten des Terrorismus keine besondere Aufmerksamkeit.[11]

Zugleich war nicht zu übersehen, dass es insbesondere im operativen Bereich, also für die Informationsbeschaffung, an geeigneten Mitarbeitern fehlte. Man begriff wohl die Notwendigkeit, über einen »V-Mann neuen Typs« nachzudenken. Die bisherigen V-Leute aus den extremistischen Parteien waren vorwiegend Funktionsträger und hauptamtliche Mitarbeiter, deren charakterliche Schwäche eine nachrichtendienstliche Zusammenarbeit eher zuließ, als dies in den neuen sozialen Bewegungen der Fall war. So war es für einen Werber aus der »Beschaffung« eine leicht lösbare Aufgabe, die Vorzimmerdame eines Parteivorsitzenden zu bitten, »einen Durchschlag mehr für den Verfassungsschutz zu machen«. Aber alle Versuche, in den unstrukturierten Milieus der neuen sozialen Bewegungen, aus denen heraus sich zahlreiche Unterstützergruppen für die unterschiedlichsten terroristischen Gruppierungen bildeten, eine »Verbindungsperson« für die Zusammenarbeit zu gewinnen, scheiterten, bis auf wenige, bekannte Ausnahmen. Es fehlte fast allen Mitarbeitern an der notwendigen »Nähe« zu ihren »Zielpersonen«. Niemand kannte sich aufgrund eigener Erfahrungen in der Welt der neuen Lebensformen aus, war mit wichtigen Mitgliedern der neuen Protestbewegung sozialisiert worden oder auch nur »WG-erfahren«. Das galt auch für mich. Zwar studierte ich Mitte der 60er-Jahre am Otto-Suhr-Institut in Berlin, doch Zeuge oder Beteiligter an den unterschiedlichsten Protestveranstaltungen war ich nur punktuell. Allerdings sehe ich noch heute die Gesichter von Rudi Dutschke und Bernd Rabehl vor mir, als ich ein Referat über die »Wirtschaftsordnung der Weimarer Republik« hielt. Beide saßen im gleichen Seminar in der ersten Reihe und zeigten wenig Begeisterung für meine »liberalen« Darlegungen.

Von den elf Landesämtern für Verfassungsschutz zeigten sich Mitte der 70er-Jahre lediglich das Berliner und das Hamburger Amt als kompetente Arbeitseinheiten. Die Berliner waren in besonderem Maße in operativen Fragen sachkundig. Die Hamburger hatten in ihren Leitern Christian Lochte und Ernst Uhrlau zwei hervorragende Analytiker, die mit ihren jeweiligen Lageeinschätzungen bundesweit Gehör fanden. Auffallend war, wie leistungsschwach die Ämter in den großen Flächenstaaten NRW, Bayern und Niedersachsen waren. Sie trugen weder in operativen noch in analytischen Zusammenhängen zum nachrichtendienstlichen Lagebild bei. Die Reputation des BfV und des Verfassungsschutzes insgesamt litt Mitte und Ende der 70er-Jahre zudem unter zwei Affären – der schon erwähnten Affäre »Traube« und der Affäre »Celler Loch«. Beide »nachrichtendienstlichen Operationen« sind unmittelbar nach Bekanntwerden umfassend verfassungsrechtlich und politisch aufgearbeitet worden und haben zu entsprechenden Konsequenzen geführt[12]. Sie sind jedoch bis heute nicht ernsthaft unter fachlichen Gesichtspunkten analysiert worden. Dabei zeigen beide Fallkomplexe, wie es zu den eindeutigen fachlichen Fehleinschätzungen gekommen war.

Nach dem Überfall auf die Wiener OPEC-Konferenz im Dezember 1975 löste die Information, dass der geschäftsführende Direktor der Kraftwerk-Union-Tochterfirma Interatom, Klaus Traube, Kontakt zu einer Rechtsanwältin hatte, die den Mitbegründer der RZ, Wilfried Böse, anwaltlich vertreten hatte, beim Verfassungsschutz und der Politik geradezu eine Hysterie aus. Unter dem Namen »Operation Müll« richtete sich die ganze nachrichtendienstliche Aufmerksamkeit auf die Person Traube. Dieser hatte, so der damalige Innenminister Werner Maihofer, hohes kerntechnisches Wissen, eigenen Zugang zu Atomanlagen und enge Beziehungen zu »internationalen Terroristen«. Maihofer rechnete »ernsthaft« damit, dass Traube bei einer der seinerzeit geplanten großen Befreiungsaktionen für die einsitzenden Baader-Meinhof-Täter als Mitbeteiligter oder als Ratgeber tätig werden könne.[13]

Diese Einschätzung Maihofers war in zweifacher Hinsicht abwegig: Traube hatte absolut glaubwürdig versichert, dass er von terroristischen Einbindungen seiner Bekanntschaften in die »Internationale Sektion« der RZ nichts wusste. Es gehörte ja auch zum Modus Operandi dieser Gruppe, sich in legalen Strukturen zu bewegen und ihre illegalen Aktivitäten als »Feierabendterroristen« wahrzunehmen. Zugleich kooperierten und kommunizierten diese Mitglieder unter strikter Anwendung konspirativer Regeln. Traube kannte Hans-Joachim Klein, der mehrfach bei ihm zu Gast gewesen war, zwar persönlich, aber Traubes Beteiligung an einer vermutlichen Befreiungsaktion inhaftierter RAF-Häftlinge war absolut unwahrscheinlich. Statt auf den Atommanager zu starren, hätte das BfV besser erkennen sollen, dass es mit den am OPEC-Attentat beteiligten Hans-Joachim Klein und Wilfried Böse, dem Anführer der Geiselnahme in Entebbe, den Schlüssel zu den internationalen Strukturen des Terrorismus in der Hand hatte. Aus den im Ferienobjekt von Traube aufgezeichneten Telefongesprächen von Klein nach Beirut hätte man nur die richtigen Schlüsse ziehen müssen: Dann hätten die Behörden Carlos, Böse, Klein und weitere RZ-Mitglieder auf dem Schirm gehabt.

Was für die »Operation Müll« galt, traf zwei Jahre später auch auf die »Operation Feuerzauber« zu, bekannt geworden unter dem Namen »Celler Loch«: In die Außenmauer des dortigen Hochsicherheitsgefängnisses wurde 1978 ein großes Loch gesprengt. Damit sollte ein Anschlag zur Befreiung des mutmaßlichen RAF-Mitglieds Sigurd Debus vorgetäuscht werden, der dort einsaß. Die Aktion war vom Verfassungsschutz in Niedersachsen ausgeführt worden und politisch gedeckt. Man wollte mittels dieses staatlich organisierten, fingierten Ausbruchs V-Leute in die Strukturen des RAF-Umfeldes einschleusen. Auch diese »nachrichtendienstliche Operation« wurde nach Bekanntwerden ausschließlich unter verfassungsrechtlichen Gesichtspunkten bewertet.[14] Ein »Höhepunkt« in der Argumentation der Befürworter war, dass der Staat das Recht habe, sein Eigentum zu beschädigen. Und der damalige Präsident des BfV erklärte den vorgetäuschten Anschlag allen Ernstes zu einem »nachrichtendienstlichen Mittel«. Doch dieser operative Vorgang war auch ein weiterer Beleg für die grundlegende strukturelle Schwäche. Sie lag in der Auswahl der beteiligten V-Leute, die aufgrund ihres persönlichen, unpolitischen Profils völlig ungeeignet für einen Einsatz in Zusammenhängen mit der RAF waren. Dieser getürkte Anschlag auf die JVA Celle hätte einer kritischen Überprüfung durch die RAF nicht standgehalten. Das wiederum ist das Schlimmste, was einem Geheimdienst und Leuten, die mit ihm zusammenarbeiten, passieren kann: dass eine Legende nicht hält.

Die Voraussetzungen für eine wirksame Terrorismusbekämpfung waren aufseiten des Bundesnachrichtendienstes noch weit ungünstiger. Auf meine Anfrage beim BND im Jahr 2011, seit wann es eine selbständige »Organisationseinheit Terrorismus« gebe, erhielt ich zur Antwort, der BND betreibe schon »seit Jahrzehnten« die Bekämpfung des internationalen Terrorismus. Ich bin allerdings der Auffassung, dass der BND frühestens ab dem Jahr 2000 richtig aufgestellt war, um insbesondere auch im operativen Bereich einen wirklichen Beitrag zur Abwehr des internationalen Terrorismus zu leisten. Bis in die 70er-Jahre hatte der BND einen »Personalkörper«, der aus »Alten Kameraden«, ehemaligen Soldaten und konservativen Zivilisten bestand. Von diesem Personenkreis konnte nicht erwartet werden, dass er einen Zugang zu dem Phänomen »linker Terrorismus« fand. Als der spätere BfV-Präsident Richard Meier im Mai 1970 sein Büro in Pullach bezog, war er von der Orientierungslosigkeit des Dienstes völlig überrascht. Auf ihn machte der BND, wie er ihn vorfand, den Eindruck einer Art Goethe-Institut, das nachschaut, wie es anderswo ausschaut. Zudem lagen die Schwerpunkte der Arbeit in der Beschaffung von Nachrichten aus dem militärischen Bereich. Theoretisch hätte die hervorragende Funk- und Lauschtechnologie des BND ein Instrument zur Informationsbeschaffung in der Terrorismusbekämpfung sein können. Aber die Steuerung dieser Technik setzte eine entsprechende Programmierung voraus. Und die war durch die Gesetzmäßigkeiten des Kalten Krieges bestimmt. Es ging um Panzer, Truppenbewegungen, Kasernen – und nicht um die Kommunikationswege und logistischen Strukturen deutscher und internationaler Terrorgruppen.

Betrachtet man die Beispiele der 70er-Jahre, bei denen der Auslandsnachrichtendienst im Innern zur Unterstützung staatlicher Abwehrmaßnahmen gegen den Terrorismus eingesetzt wurde, so stellen sie sich lediglich als problematische »Amtshilfe« für das BfV, für ein Landesamt für Verfassungsschutz und für das BKA dar. Insbesondere zur Zeit der Fahndung nach den Attentätern von Arbeitgeberpräsident Dr. Hanns Martin Schleyer 1977 konnte Herold auf unterschiedliche technische Kapazitäten des BND zurückgreifen. Qualifizierte Informationen, beispielsweise über den Aufenthalt mit Haftbefehl gesuchter RAF-Mitglieder in Bagdad und Aden, konnte der BND erst Anfang der 80er-Jahre liefern, und zwar weil er vom BKA einen »Selbstgesteller« aus dem Kernbereich der PFLP-SC übernehmen konnte. Der Palästinenser Khaled Jihad, der sich Ende der 70er-Jahre in die Deutsche Marion Folkerts (Maha) verliebt hatte, war eines Tages bei der Deutschen Botschaft in Beirut erschienen und bot seine »Mitarbeit« für den Fall an, dass seine in Stuttgart als mutmaßliche Terroristen-Unterstützerin im Gefängnis sitzende Freundin möglichst bald mit einem »neuen« Pass ausgestattet und freigelassen würde[15].

IV   BKA-Präsident Horst Herold und sein Bild von der RAF

»Ein außergewöhnlicher Mann«[16], wie Dieter Schenk in seiner Biografie ›Der Chef: Horst Herold und das BKA‹ schrieb, übernahm im September 1971 die Position des BKA-Chefs. Michael Jürgs widmete dem ehemaligen Präsidenten des Bundeskriminalamtes in seinem Buch über drei europäische Kriminalbehörden ein eigenes Kapitel: »Der Mann, den die RAF hasste«[17]. Jürgs greift dabei einen Begriff auf, den Herold selbst in einem Interview[18] verwendet hatte: »Die entscheidende Triebkraft [der RAF] besteht in einem unbändigen, sie ausfüllenden Hass.« »Der philosophische Kriminalist«, so war in einem Artikel[19] anlässlich seines 85-jährigen Geburtstages zu lesen, sei der »beste Kenner der RAF.« Bei aller Bewunderung, die auch ich für die Person Herold immer empfunden habe, teile ich diese Einschätzung nicht. Herolds Bild von der RAF hatte insbesondere seit Mitte der 70er-Jahre mit der Realität wenig zu tun.

Bei der Lektüre des Interviews, das Wolfgang Kraushaar und Jan Philip Reemtsma 2005 mit Horst Herold führten, fällt auf, dass er sich in starkem Maße mit der Entstehungs- und Anfangszeit der RAF (1972 – 1974) auseinandersetzte und die damals gewonnenen Erkenntnisse in die späteren Jahre fortschreibt. Dabei war er, bezogen auf die RAF, immer von einem »Massenproblem« ausgegangen. Am 1. September 1977 erklärte er im Innenausschuss des Deutschen Bundestages auf Fragen der Abgeordneten zum Mordfall Ponto: »Es ist ja nicht so, dass Susanne Albrecht eine von wenigen Verdächtigen oder gefährlichen Personen in der Bundesrepublik wäre, sondern wir haben es mit einem Massenproblem zu tun. Ich habe hier schon vorgetragen, dass die Zahl der hochgefährlichen Leute, die gewissermaßen unserer Computerfahndung dauernd unterliegen, bei 1200 liegt. Susanne Albrecht gehörte zu den 1200.« Um diesen Personenkreis herum, der jederzeit aktiv und gefährlich werden könne und es in den letzten Jahren auch geworden sei, so erklärte Herold, gäbe es noch ein Umfeld von etwa 60.000 Sympathisanten: »Es handelt sich also nicht um ein Problem einzelner Personen, sondern leider um ein Massenproblem. 1200 von größter Gefahr kann niemand in der Bundesrepublik observieren, und niemand kann durch vorbeugende Maßnahmen die Gefahr ausschalten. Jedermann weiß, dass die vollständige Abdeckung durch Observation pro Person rund 20 Personen notwendig macht. 1200 mal 20 – so viel Personal hat die ganze deutsche Kriminalpolizei nicht. Das zeigt die besondere und herausragende Bedeutung einer permanenten, routinehaften, schleppnetzartigen Beobachtung dieses Personenkreises in Form einer computerisierten Beobachtung.«[20]

»1200 hochgefährliche Leute« hat es im gesamten deutschen linksextremistischen Terrorismus zu keinem Zeitpunkt gegeben. Eine solche Zahl im Zusammenhang mit der RAF zu nennen, war schon 1977 unverständlich. Noch fast dreißig Jahre später zeichnet Herold das gleiche Bild. Auf die Frage des Interviewers Wolfgang Kraushaar, von wie vielen RAF-Mitgliedern auszugehen gewesen sei, antwortete er: »Soweit ich mich erinnere, wurden je etwa 500 Personen wegen Mitgliedschaft und wegen Unterstützung verurteilt. Die Zahlen, die sich fast über drei Jahrzehnte erstrecken, sagen jedoch wenig über die Dauerstärke der RAF und über ihre Gesamtstärke aus. Völlig offen ist die Zahl der unentdeckt Gebliebenen. Nimmt man die Einzeltaten, um anhand der Geschehensabläufe und des logistischen Aufwandes die Zahl der für die Tatbegehung erforderlichen Täter zu berechnen, so ergeben sich erhebliche Differenzen zur weit geringeren Zahl der Ermittelten. Die Dunkelziffer war enorm. Vielleicht ein Anhaltspunkt für die obere Begrenzung: In den konspirativen Wohnungen, in den gestohlenen Kraftfahrzeugen, an Waffen und Tatmitteln sowie an den Tatorten wurden über 3000 nicht identifizierbare Einzelfingerspuren gefunden, unter denen sich, selbst wenn man diese Zahl um legale Verursacher oder Doppelspuren auf ein Drittel reduziert, viele Mitglieder befunden haben müssen.«

Eine solche Einschätzung musste in die Irre führen – und tat es auch. Sie führte weg von der konzentrierten und koordinierten Bearbeitung der Personen, die im Gesamtsystem der RAF tatsächlich von zentraler Bedeutung waren. Im Gespräch mit Kraushaar stellt Herold weiterhin fest, dass »von Anfang an« klar gewesen sei, die RAF könne »nur als Stadtguerilla arbeiten« und habe auf dem Lande keine Chancen. Das Kampffeld sei verengt auf die Städte, wo durch »verstärkte Informationsanlieferung im Rahmen des neu errichteten Bekämpfungssystems« Eigengesetzlichkeiten und Zwänge deutlich geworden wären, denen die Logistik der RAF unterworfen gewesen sei, um im Untergrund zu überleben. »Die Täter mussten irgendwo wohnen, aber sie konnten das nur in bestimmter Weise, nämlich in anonymisierenden Hochhäusern mit Tiefgarage, Lift, Telefonanschluss, ohne Einsicht von Nachbarn, mit bar zu zahlendem Stromanschluss und so weiter. Sie mussten mobil sein, also Kraftfahrzeuge haben, aber die mussten sie stehlen und dann tarnen, was nur mit der Dubletten-Technik möglich war. Die Täter brauchten Ausweise, die mussten sie stehlen oder von Unterstützern bekommen, aber sie konnten sie nur in bestimmter Weise fälschen. Die Logistik der RAF war berechenbar.«

Doch die RAF hat, bei weitgehender ideologischer

Kontinuität, insbesondere ihren Modus Operandi immer wieder verändert, um sich den polizeilichen und nachrichtendienstlichen Instrumenten zu entziehen. Die wirkliche Herausforderung für die Sicherheitsbehörden bestand gerade darin, auf das veränderte taktische Verhalten der RAF, z. B. bei der Wohnungsbeschaffung, zeitnah zu reagieren. Laut Herold hatte sich das BKA vorgenommen, die »Nervenknoten der Logistik zu lokalisieren, sie zu markieren, in sie einzudringen, sie zu chaotisieren und zu neutralisieren«. Dabei hätten sich die RAF-Mitglieder »einem ungeheuren Fahndungsdruck ausgesetzt« gesehen.

Den »ungeheuren Fahndungsdruck« gab es nur in der Vorstellung von Herold und seinen Beamten. Schon das klassische Fahndungsplakat des BKA »Anarchistische Gewalttäter« von 1972 führte eher zur Desinformation der Bevölkerung. Ein Fahndungsplakat vom November 1977, das die schwersten Aktionen der »Offensive 77« der RAF thematisierte, enthielt auch die Namen von Mitgliedern der »Bewegung 2. Juni«. Der »operative Chef« der RAF in dieser Zeit, Stefan Wisniewski, fehlte auf diesem Plakat. Ein weiteres Beispiel ist das im Zusammenhang mit der Fahndung nach den mutmaßlichen Tätern im Kontext der Ermordung des ehemaligen Generalbundesanwalts Siegfried Buback verwendete Plakat, das die angeblichen Täter Christian Klar, Knut Folkerts und Günter Sonnenberg zeigte. Hier hatte sich das BKA sehr schnell auf drei männliche Tatbeteiligte festgelegt. Dies führte schon zu einem ganz frühen Zeitpunkt zu einer Verengung der infrage kommenden Tatbeteiligten.

Der 1980 wegen der Ermordung des Generalbundesanwaltes Siegfried Buback und zwei seiner Begleiter verurteilte Knut Folkerts erklärte später, dass die RAF-Mitglieder *natürlich* ganz anders als auf den Fahndungsplakaten ausgesehen hätten. »Das heißt, ich hatte keinen Bart und keine langen Haare. Alle RAF-Mitglieder waren adrett gekleidet, wie Geschäftsleute. Um mich zu vergewissern, habe ich manchmal, wenn ich unterwegs war, einen Polizisten nach dem Weg gefragt. Wir hätten uns damals neben unsere Steckbriefe stellen können, und keiner hätte uns erkannt.«[21] Ähnlich äußert sich auch die in der »Bewegung 2. Juni« eine zentrale Rolle spielende Gabriele Rollnik: »Die RAF hat ziemlich früh angefangen, die Haare ganz kurz zu schneiden und auf Angestellten-Look zu machen. [...] Auch auf den Fahndungsplakaten hat uns nie jemand erkannt. Deshalb konnten wir auch relativ ruhig und ohne Hektik leben, solange keine Aktion in Gang war.«[22]

Wenn Herold ausführt, die Täter hätten irgendwo wohnen müssen, aber hätten das nur in bestimmter Weise gekonnt, verkennt er, dass die RAF spätestens im Jahre 1980 die Art der Wohnungsanmietung grundlegend geändert hatte. Nachdem 1979 eine konspirative Wohnung (KW) in der Frankfurter Textorstraße »aufflog« – als einzige bewohnte KW der RAF, die durch die Rasterfahndung entdeckt wurde –, musste die RAF es vermeiden, dass »Verdächtige« als Anmieter einer Wohnung in Erscheinung traten. »Nur die, die cool sind, können Wohnungen anmieten«, hatte Adelheid Schulz auf einem Zettel notiert, der 1980 in einer Heidelberger KW gefunden worden war. Danach nutzte die RAF auch Wohnungen als Unterkünfte, die später großes Erstaunen bei den Sicherheitsbehörden hervorriefen. In Studentenheimen, bei Studenten, deren Eltern verreist waren, bei Personen, die für mehrere Wochen ihre Wohnung zur Pflege ihrer Blumen zur Verfügung stellten, überall fanden die Illegalen der RAF Unterschlupf. Die Feststellung von Herold, die Logistik der RAF sei berechenbar, hält daher einer Überprüfung nicht stand. Berechenbar waren die Politik und Ideologie der RAF.

Herolds Fahndungsstrategie war darauf zurückzuführen, wie er die Struktur der RAF sah. »Zu keiner Zeit war es möglich, zwischen Mitgliedern, Teilnehmern, Rädelsführern, Hintermännern oder Unterstützern exakt zu unterscheiden«, stellte er noch 2005 die Situation dar. Doch auch das traf seit Mitte der 70er-Jahre nicht zu. Die RAF – das waren die Illegalen, die Legalen und die Gefangenen. Das Machtmonopol im Gesamtsystem der RAF lag bei den Gefangenen. Sie bestimmten, wer sich RAF nennen durfte. Sie setzten die Illegalen massiv unter Druck, die »Gefangenenfrage«, d.h. ihre Befreiung, zum entscheidenden und ausschließlichen Ziel zu machen. In zahlreichen Kassibern, Zellenzirkularen und Rundschreiben wurde kommuniziert, was sich schon unmittelbar nach der Verhaftung der Gründergeneration im Jahre 1972 abzeichnete: Der bewaffnete Kampf »aus den Knästen« ging weiter. Bei Gudrun Ensslin hieß dies: »Freiheit beraubt, heißt nicht Kampf aufgehört. Ist nur 'ne andere Form von an die Gewehre.«[23] Die Illegalen stellten sich schon zu diesem Zeitpunkt als eine »Gruppe« dar, die, streng abgeschottet von den Legalen, die terroristischen »Aktionen« völlig autonom vorbereiteten und durchführten. Dies schloss nicht aus, dass ausgewählte Legale nicht nur politisch das Konzept der RAF unterstützten, sondern auch logistisch für die Illegalen tätig wurden. Konkret bedeutete das, dass beispielsweise Ausweise beschafft und »grüne Grenzen« von ihnen ausgekundschaftet wurden. Gelegentlich suchten sie auch Steinbrüche auf, in denen man Sprengstoff stehlen könnte. Die Treffs mit den Illegalen, die in der Regel zu zweit erschienen, fanden fast immer in Gaststätten statt. Die Legalen erhielten dabei die nötigen finanziellen Mittel, um die Aufträge ausführen zu können. Doch so intensiv die Kontakte zwischen den Illegalen und einzelnen Legalen auch waren, diese wussten nicht, wo sich die Wohnungen und die Depots der Illegalen befanden.

Die wichtigste Rolle hatten zweifellos die Legalen gespielt, die Mitte der 70er-Jahre im Stuttgarter Büro des Rechtsanwalts Klaus Croissant tätig waren. Dort hatte sich eine Info-Zentrale gebildet, die zwischen den Stammheimer Gefangenen und den Illegalen vermittelte. Einer der Mitarbeiter dieses Büros, Volker Speitel, berichtete über diese Phase, dass »über alle Sachen« mit denen »drinnen« diskutiert wurde. »Alle Kisten liefen über den Knast. Die Briefe gingen meist mit Tesafilm zugeklebt und auch sonst noch gesichert von drinnen an das Büro.« Von dort wurden sie zu den Illegalen gebracht. »Das nannten wir Postmachen. […] Wir gingen immer davon aus, observiert zu werden. Wir benutzten keine Wagen des Büros, sondern nur öffentliche Verkehrsmittel.«[24]

Die Struktur der RAF ließ keine »Hintermänner« zu. Es war auch kein großer »Beschafferkreis am Werke«, wie Herold vermutete, der die Illegalen bei der Besorgung des täglichen Bedarfs unterstützen musste. Und die Übergänge zwischen den RAF-Mitgliedern, ihren Unterstützern und Sympathisanten waren seit Mitte der 70er-Jahre nie fließend. Wie strikt die Abschottung zwischen den Illegalen und den Legalen z.B. im Jahre 1976 war, ging unter anderem aus den sogenannten »Haag-Papieren« hervor. Diese konnten im November 1976 bei der Verhaftung des Rechtsanwaltes Siegfried Haag, der Andreas Baader und den im Hungerstreik gestorbenen Holger Meins vertreten hatte und zeitweise als »Kommandoführer der 2. RAF-Generation« agierte, sichergestellt werden. Mit einem nicht zu übersehenden kritischen Unterton war darin notiert: »Anton [ein Illegaler] vögelt leg. Braut.«[25] Diese – codierten – Papiere hätten den Behörden eine große Chance eröffnen können, wenn es uns gelungen wäre, die Dokumente zu entschlüsseln, denn es waren darin die in der »Offensive 77« geplanten »Aktionen« und die Tarnnamen der Illegalen genannt.

Welche Erkenntnisse über den »Kommandobereich« der RAF gab es wirklich? Die RAF hat einmal erklärt, dass Fahndungslisten nie Mitgliedslisten gewesen seien. Doch sie kamen der Wirklichkeit sehr nahe, von einer Ausnahme Mitte der 60er-Jahre abgesehen. 1984 hatte das BKA noch nach allen »Aussteigern« gefahndet und mehrere RAF-Unterstützer als Mitglieder der RAF ausgewiesen, obwohl diese nicht für den Kommandobereich rekrutiert worden waren. Sie hatten sich vielmehr in »palästinensische Zusammenhänge« begeben. Nach der gescheiterten Besetzung der Deutschen Botschaft in Stockholm im April 1975, bei der das gesamte »Kommando Holger Meins« verhaftet wurde bzw. den Tod fand, bestand die RAF aus mehreren autonomen Gruppen, die sich alle um die Anerkennung und Legitimierung durch die Stammheimer Gefangenen bemühten. Stefan Wisniewski, der in Stockholm dem RAF-Kommando logistische Hilfe leistete, beschrieb seine persönliche Situation gut zwanzig Jahre später: »Nach Stockholm stand ich plötzlich vor dem Nichts. Es gab noch ein paar Mark und zwei Pistolen, die aber auch nicht richtig funktionierten.«[26] Eine sehr präzise Einschätzung über den Kommandobereich der RAF konnten die Sicherheitsbehörden das erste Mal für das Jahr 1977 geben. Zu Beginn der »Offensive 77« bestand die Gruppe der Illegalen aus 12 Personen, im September war die Zahl auf 20 Personen angewachsen. Das waren also die Potenziale, mit denen die RAF die schweren Anschläge dieses Jahres durchführte.

Die Verfassungsschutzbehörden diagnostizierten im Zusammenhang mit dem Abtauchen von Susanne Albrecht in Hamburg 1977 ein Potenzial des »legalen RAF-Bereichs« von etwa 20 bis 30 Personen. Der Verfassungsschutz beobachtete in der damaligen Bundesrepublik um die 200 Personen, die offen oder verdeckt die RAF politisch und/oder logistisch unterstützten. Aus diesem Personenkreis rekrutierten sich die Illegalen von morgen. Polizei und Verfassungsschutz arbeiteten dabei mit unterschiedlichen Instrumenten. Das BKA setzte im Wesentlichen auf die Mitte der 70er-Jahre von Herold entwickelten Instrumente: die Häftlingsüberwachung (HÜ), die Beobachtende Fahndung (BEFA) und die Datei PIOS (Personen, Institutionen, Objekte, Sachen). Dieses »Basisschleppnetz« wurde durch zahlreiche Hilfsnetze noch dichter geknüpft. Dazu zählten die Zielfahndung, die Verdeckte Fahndung und später die in der Öffentlichkeit kontrovers diskutierte Rasterfahndung. Zweifellos waren die durch den Einsatz dieser Mittel gewonnenen Erkenntnisse für den gesamten Sicherheitsbereich, auch für den Verfassungsschutz, in vielerlei Hinsicht von großer Bedeutung. Doch es haben sich, um im Bild zu bleiben, in diesem Netz nur wenig große Fische verfangen. Die seit 1977 erfolgten Festnahmen von RAF-Mitgliedern gingen beispielsweise nur in einem Fall auf ihre Anwendung zurück.

Die Geheimdienste wendeten die nachrichtendienstlichen Mittel bei der Bekämpfung der RAF an, die das Gesetz vorgesehen hatte. Dazu zählten vor allem die Observation und die Telefonüberwachung. Der Verfassungsschutz konzentrierte sich besonders auf die Personen des legalen RAF-Bereichs, von denen er annahm, dass sie die Illegalen der RAF politisch und logistisch unterstützten. Diese sogenannten Nahtstellenpersonen wurden mit einem erheblichen personellen und logistischen Aufwand beobachtet. Die aussagewilligen Mitglieder der RAF, die in der ehemaligen DDR Exil gefunden hatten, haben später bestätigt, dass sie als »Legale« in erheblichem Umfang die Illegalen unterstützt haben und dass es zu zahlreichen Treffen zwischen ihnen und mit Haftbefehl gesuchten RAF-Mitgliedern gekommen ist.

Doch die vom Verfassungsschutz angewandten Mittel

waren spätestens Mitte der 70er-Jahre verbraucht und stumpf. Wir wollten es nur nicht wahrhaben. Tatsache ist, dass nicht ein einziger »Treff« zwischen den Illegalen und den Legalen beobachtet wurde, nicht eine einzige KW oder ein Depot entdeckt wurde. Nicht selten fanden Polizeibeamte bei Durchsuchungsmaßnahmen Listen von Kfz-Nummern ganzer Observationstrupps, und ein Beobachtungszimmer war häufig schon nach wenigen Wochen erkannt und damit »verbrannt«, ohne dass die eingesetzten Beamten dies wussten. Die Telefonüberwachungen entwickelten sich immer mehr zu einem Instrument der Verbleibskontrolle. Sie ermöglichten bestenfalls, Kontaktfelder transparent zu machen, die »persönlichen Kisten« zu belauschen, Persönlichkeitsprofile zu erkennen und die politische Arbeit der Unterstützergruppen zu »begleiten«. Wirklich relevante Informationen waren codiert und nur in Ausnahmefällen unverschlüsselt. Eine gewisse Chance, über die geschilderten Ermittlungsergebnisse hinauszukommen, bestand allenfalls in den Verdachtsfällen, in denen alle zur Verfügung stehenden Instrumente gebündelt und gleichzeitig eingesetzt wurden.

Die Strategie Herolds und die nachrichtendienstlichen Vorstellungen von einer effizienten Terrorismusbekämpfung unterschieden sich also grundlegend. Hier ein »massenorientierter Fahndungsansatz«, der mithilfe eines computergesteuerten Schleppnetzes zu Erfolgen führen sollte, dort ein eng begrenzter Personenkreis, der sich auf unterschiedlichen Ebenen zum politischen Konzept der RAF bekannte und organisierte und von den Verfassungsschutzbehörden häufig in Schwerpunktoperationen intensiv bearbeitet wurde. Beiden Strategien blieb der Erfolg versagt.

V Terroristinnen

Es waren die Frauen der RAF, die in den 70er- und 80er-Jahren das besondere Interesse der Medien und der breiten Öffentlichkeit fanden. In der Anfangsphase der RAF galt dies insbesondere für Ulrike Meinhof und Gudrun Ensslin, für die Phase des »Deutschen Herbstes« galt Brigitte Mohnhaupt als prägende und strategische Kraft. Doch es gibt zahlreiche weitere Frauen, die im nationalen und internationalen Terrorismus eine besondere Rolle spielten. In zahlreichen Veröffentlichungen findet sich die Formulierung, dass der linke Terrorismus durch einen besonders hohen Anteil von Frauen gekennzeichnet war. Mit diesem Hinweis wird man aber der sehr unterschiedlichen Repräsentanz von Frauen in der jeweiligen terroristischen Gruppierung nicht gerecht. Zwar gilt für alle Gruppierungen die Feststellung, dass sie die Geschlechterfrage gelöst hatten, aber in der einzelnen Gruppe war die konkrete Zusammensetzung doch sehr unterschiedlich.

Die RAF war in ihrer fast dreißigjährigen Geschichte durch ein erkennbares Gleichgewicht von Männern und Frauen bestimmt. Tendenziell hatten die Frauen in den unterschiedlichsten Phasen ein leichtes Übergewicht. Aber letztlich war die Parität das vorherrschende Merkmal. Auffallend ist, dass in der Öffentlichkeit die mit Haftbefehl gesuchten Mitglieder häufig als Pärchen wahrgenommen wurden. So zum Beispiel Gudrun Ensslin und Andreas Baader, Christian Klar und Adelheid Schulz, Birgit Hogefeld und Wolfgang Grams. In den inneren Strukturen und im inneren Machtgefüge spielten auch die »Konstellationen«

Stefan Wisniewski und Sieglinde Hofmann, Verena Becker und Günter Sonnenberg, Brigitte Mohnhaupt und Peter-Jürgen Boock eine zentralere Rolle. Aus vielen Schilderungen ehemaliger RAF-Mitglieder geht hervor, dass es im Zusammenhang mit diesen Pärchenbildungen manchmal auf Zeit zu engen persönlichen Beziehungen kam, dass in anderen Fällen die Pärchenbildung ausschließlich nach taktischen Gesichtspunkten erfolgte. So wurden bei den zahlreichen Flügen nach Bagdad und in den Süd-Jemen jeweils gezielt Pärchen zusammengestellt, auch aus Sicherheitsgründen.

Sieht man sich das unterschiedliche Profil der weiblichen RAF-Mitglieder an, so ragen doch deutlich nach Ulrike Meinhof und Gudrun Ensslin über einen längeren Zeitraum Brigitte Mohnhaupt und für die Zeit der dritten Generation Birgit Hogefeld heraus. Es ist das strategische Denken, was beide charakterisiert, und es sind die Konsequenz und auch die Brutalität. Das Jahr 1977 mit der Offensive der RAF wäre ohne Brigitte Mohnhaupt nicht oder so nicht gelaufen. Nach ihrer Haftentlassung am 8. Februar 1977 ordnete Mohnhaupt zunächst die Stuttgarter Info-Zentrale der RAF neu, um sich unmittelbar danach der Beobachtung der Sicherheitsbehörden zu entziehen. Von Amsterdam aus steuerte sie später die »Hinrichtung« von Generalbundesanwalt Siegfried Buback am 7. April 1977 in Karlsruhe. Sie war es, die am 30. Juli 1977 in Oberursel (Taunus) die tödlichen Schüsse auf den Vorstandsvorsitzenden der Dresdner Bank, Jürgen Ponto, abgab. Und als die Bundesregierung im Entführungsfall Schleyer jede »politische Lösung« ablehnte, organisierte sie zusammen mit dem Führer der PFLP-SC, Wadi Haddad, die Entführung der Lufthansa-Maschine »Landshut«.

Birgit Hogefeld wurde zu Recht als die Leitfigur der dritten Generation der RAF bezeichnet. Sie war 1984 zusammen mit ihrem langjährigen Partner Wolfgang Grams in den Untergrund gegangen. Sie war den Sicherheitsbehörden aber schon seit Mitte der 70er-Jahre als Mitglied der damaligen »Roten Hilfe« in Wiesbaden ein Begriff. Wir gingen davon aus, dass beide als Legale in vielfältiger Weise die Illegalen politisch und logistisch unterstützten. Aber auch im Fall Birgit Hogefeld gelang es nicht, sie auf dem Weg in die Illegalität zu beobachten und zu begleiten. Nach neun Jahren im Untergrund wurde sie am 27. Juni 1993 auf dem Bahnhof von Bad Kleinen festgenommen. Nach einem mehrjährigen Prozess wurde sie wegen mehrfachen Mordes zu einer lebenslangen Freiheitsstrafe verurteilt. Das Oberlandesgericht in Frankfurt am Main sah es als erwiesen an, dass sie 1985 an der Ermordung des jungen US-Soldaten Edward Pimental beteiligt war, um in den Besitz seines Ausweises (ID-Card) zu kommen. Zu diesem Zweck lockte sie den GI aus dem »Western-Saloon« in Wiesbaden. Birgit Hogefeld wird zu Recht für immer mit diesem brutalen Mord in Verbindung gebracht werden. Diesen Tatbestand muss man vor Augen haben, wenn man wie Horst-Eberhard Richter mit einem gewissen Verständnis ihren Weg nach ihrer Inhaftierung und Verurteilung begleitet.

In einer Erklärung am 29. Juni 1998 kurz vor der Urteilsverkündung des OLG Frankfurt stellte sie fest, dass für sie das Jahr 1977 die entscheidende Rolle gespielt hat. Aus ihrer Sicht wird an den Vorgängen dieses Jahres vieles wie im Brennglas gebündelt sichtbar: »Für mein Leben war 1977 ein entscheidendes Jahr. Anfangs: politisch engagierte 20-jährige Jurastudentin, die sich über die Haftbedingungen der RAF-Gefangenen empört, einige von ihnen besucht und Angst um deren Leben hat. Später nach unzähligen Observationen, Kontrollen, Hausdurchsuchungen infolge der RAF-Aktionen, nach dem Aufmarsch des Polizeistaats, nach öffentlichen Politiker-Aufrufen zur standrechtlichen Erschießung von Gefangenen, schließlich den toten

Gefangenen in Stammheim, war nichts mehr so wie vorher, dieses Land nicht und ich selber auch nicht. Alles, was mir vorher aus linken Diskussionen über neuen Faschismus als Analyse abstrakt nachvollziehbar war, wurde für mich in der Entwicklung dieses Jahres konkret, bekam ein Gesicht. Ende 1977 (mein Jurastudium hatte ich im Laufe dieses Jahres aufgegeben) habe ich mich erstmals mit der Frage beschäftigt, ob es konsequent und für mich richtig ist, mich einer bewaffneten Gruppe anzuschließen. Dass ich nicht schon damals zur RAF gegangen bin, sondern erst viele Jahre später, hatte ausschließlich mit eigenen Ängsten zu tun und nicht damit, dass ich es für falsch gehalten hätte. Im Gegenteil, in den Jahren nach `77 habe ich mir selber häufig Unentschlossenheit und Inkonsequenz vorgeworfen. Und ich habe mich damals häufig gefragt, ob mein Verhalten dem von Teilen der Generation meiner Eltern entspricht, das ich immer verurteilt hatte. So wie sie wollte ich nie werden: unbeteiligt-ignorant und in Zuschauerposition (bestenfalls) gegenüber faschistischen Entwicklungen und Verbrechen.«

Nachdem Till Meyer am 27. Mai 1978 durch das Kommando Nabil Harb von der »Bewegung 2. Juni« aus dem Gefängnis Berlin-Moabit befreit worden war, stellte er zu seiner Verwunderung fest, die »Bewegung 2. Juni«, das waren acht Frauen und ein Mann, und das war er selbst. Tatsächlich war die »Bewegung 2. Juni« ursprünglich wie die RAF auch eine Gruppe, die gleichermaßen durch ihre männlichen und weiblichen Mitglieder eine weitgehend ausgeglichene Struktur hatte. Aber Mitte der 70er-Jahre beobachteten die Sicherheitsbehörden eine immer stärkere Feminisierung dieser Gruppe. Zugleich hatten sie mit Inge Viett, Juliane Plambeck und Gabriele Rollnik drei führungsstarke Mitglieder, die sich einerseits als Konkurrenz zur RAF verstanden, die sich aber andererseits auch als potenzielle

Bündnispartner verstanden. Dies zeigte sich vor allem in der »Gefangenenfrage«, wo die Frauen des »2. Juni« zusammen mit der RAF nach einer Lösung suchten. Gemeinsame Gespräche im Jahr 1977 verliefen zunächst auch, wie Gabriele Rollnik später berichtete, konstruktiv und vertrauensvoll. Doch als die RAF ohne Abstimmung mit der »Bewegung 2. Juni«, die »Offensive 77« startete, führte dies zu einer erheblichen Störung zwischen den beiden Gruppen. Die Mitglieder der »Bewegung 2. Juni« waren nicht davon ausgegangen »dass sie (RAF) die große Befreiungsaktion einfach machen würden, ohne uns einzubeziehen. Sie dagegen wussten, dass wir eine größere Geldbeschaffungsaktion in Österreich planten, die uns langfristig finanziell absichern sollte. Als Schleyer entführt wurde, saßen wir also in Wien und kundschafteten die Lebensumstände von Palmers aus. Ihn wollten wir entführen und für seine Freilassung eine Summe in Millionenhöhe verlangen, die uns und anderen Gruppen auf längere Sicht den Rücken freihalten würde. Das Geld war nicht nur für uns ...«[27]

Tatsächlich teilte die »Bewegung 2. Juni« das Lösegeld von 31 Millionen ÖS aus dieser Entführung auf. Die RAF und die PFLP-SC erhielten den gleichen Anteil wie die »Bewegung 2. Juni«, ein Restbetrag wurde in Norditalien in einem Depot gelagert. Später haben Mitglieder der RAF und der »Bewegung 2. Juni« vergebens nach diesem Depot gesucht. Die »Bewegung 2. Juni« verstand sich von Anfang an als weniger dogmatisch, antiimperialistisch und militärisch. Die Aktionen des »2. Juni« sollten für die Massen verständlich und nachvollziehbar bleiben. Auch als die Gruppe sich stärker internationalistisch orientierte und faktisch näher an die RAF heranrückte, behielt sie ihr eigenständiges und spezifisches Profil. Dies ging in hohem Maße auf die strategische Kompetenz von Inge Viett zurück. Auch als es im Mai 1980 zur Auflösung der »Bewegung 2. Juni« kam und sie sich der RAF anschloss, behielt sie ihre gewachsene Identität bei. Inge Viett selbst hat sich in der kurzen Zeit ihrer Mitgliedschaft in der RAF nie richtig wohlgefühlt. Die RAF hat es ihr zu verdanken, dass die neun RAF-Aussteigerinnen und -Aussteiger 1980 in der damaligen DDR aufgenommen und mit einer neuen Identität ausgestattet wurden. Inge Viett wurde 1990 in Magdeburg verhaftet und 1992 zu dreizehn Jahren Gefängnis verurteilt. Im Januar 1997 wurde sie aus der Haft entlassen.

Ein Sonderfall der weiblichen Guerilla in Deutschland war die Gruppe »Die Rote Zora«. Sie stand am wenigsten im Fokus der Öffentlichkeit, doch die Sicherheitsbehörden haben sich Anfang der 80er-Jahre intensiv mit dieser Gruppe beschäftigt. Insbesondere meine Mitarbeiter haben durch eine langfristige analytische und operative Arbeit die Potenziale dieser Gruppe erkannt und für das BKA wertvolle Vorermittlungen geleistet. Die »Rote Zora« hatte nach eigenen Aussagen die gleichen Grundsätze wie die »Revolutionären Zellen«. In einem Interview mit der Zeitschrift ›Emma‹ im Juni 1984 äußerte ein Mitglied dieser Gruppe: »Rote Zora soll ausdrücken, dass wir die gleichen Grundsätze wie die ›Revolutionären Zellen‹ haben, dieselbe Konzeption, illegale Strukturen aufzubauen, ein Netz zu schaffen, das der Kontrolle und dem Zugriff des Staatsapparates entzogen ist. Nur so können wir – im Zusammenhang mit den offenen, legalen Kämpfen der verschiedenen Bewegungen – auch subversive und direkte Aktionen durchführen. Wir schlagen zurück! – diese Parole der Frauen aus dem Mai 68 ist heute in Bezug auf die individuelle Gewalt gegenüber Frauen unumstritten. Heftig umstritten und weitgehend tabuisiert ist sie jedoch als Antwort auf die Herrschaftsverhältnisse, die diese Gewalt erst ständig auf's Neue erzeugen.«

Die »Rote Zora« verstand sich im Unterschied zu den

übrigen deutschen Terrorgruppen als eine Gruppierung, die eine radikale feministische Kritik und Praxis entwickeln wollte. Dabei beschränkte sie sich nicht auf spezifische Frauenthemen. Neben dem Kampf gegen den Paragrafen 218, Reproduktionsmedizin und Gentechnologie, den Sex-Tourismus und Frauenhandel legten sie ihren thematischen Schwerpunkt auf die Lebens- und Arbeitsbedingungen von Frauen in Ländern und Regionen mit besonders entfesselten Formen wirtschaftlicher und patriarchaler Verwertung. Die von ihnen erkannten Widerstandsformen umschrieben sie mit dem Begriff der »Militanz«. Bei ihren Aktionen legten sie großen Wert darauf, dass Menschen nicht in Gefahr gerieten. Ihre gesellschaftspolitische Orientierung findet ihren konkreten Niederschlag in einigen beispielhaft ausgewählten Anschlägen: 1977 Sprengstoffanschlag auf das Gebäude der Bundesärztekammer in Köln, 1978 Brandanschläge auf Sexshops in Köln, 1981 Verteilung von gefälschten Nahverkehrs-Fahrkarten im Ruhrgebiet, 1986 Anschlag auf das gentechnische Institut im damaligen West-Berlin.[28]

Die »Rote Zora« hatte zunächst als Teilorganisation der »Revolutionären Zellen«, später als weitgehend autonome Frauengruppe bis Ende der 80er-Jahre insgesamt 45 Sprengstoff- und Brandanschläge verübt. Bei der »Roten Zora« standen wie bei keiner anderen Gruppierung Theorie und Praxis in einem unmittelbaren und nachvollziehbaren Zusammenhang. Im Unterschied zur RAF, zu der »Bewegung 2. Juni« und zu der internationalen Sektion der »Revolutionären Zellen« können sie sich in der Kontinuität der breiten 68er-Protestbewegung sehen. Meinen Mitarbeitern fiel auf, dass ich mich gelegentlich zu wenig kritisch gegenüber den Aktionen der »Roten Zora« verhielt ...

Jahrzehntelang haben somit die Frauen in besonderer Weise das Bild vom linken Terrorismus geprägt. Im Unterschied dazu waren es im Rechtsterrorismus zunächst ausschließlich »Kameraden«, die theoretisch und aktionistisch eine führende Rolle in den unterschiedlichsten neonazistischen Gruppierungen einnahmen. Doch seit den 90er-Jahren ist der gewaltbereite Neonazismus nicht nur jünger und militanter geworden, auch weiblicher. Und mit Beate Zschäpe wurde ein mutmaßliches Mitglied des »Nationalsozialistischen Untergrunds« (NSU) vor dem OLG München angeklagt, die zwar nicht als Tatbeteiligte an der furchtbaren Mordserie diese Gruppe beteiligt war, die aber für die Logistik und Mobilität der NSU-Mitglieder eine besondere Verantwortung trug. Auch wenn sie selbst Uwe Mundlos und Uwe Böhnhardt als ihre »Familie« ansah, war sie zweifellos ein gleichberechtigtes Mitglied dieser rechtsterroristischen Gruppe. Andrea Röpke/Andreas Speit weisen in ihrem Buch ›Mädel-Sache!, Frauen in der Neonaziszene‹ darauf hin, dass sich schon seit Jahren junge Frauen mit militanten Zielen solidarisieren, unter anderem in den verbotenen Gruppen »Frauen in der Fränkischen Aktionsfront«, der »Mädel-Gruppe der Kameradschaft Tor Berlin« oder in der »Kameradschaft Süd« in München. Dort beteiligten sich mindestens drei junge Frauen an den Untergrundaktivitäten der Kerntruppe der später verbotenen »Kameradschaft Süd« in München. Aus dieser Gruppe heraus war 2003 ein Sprengstoffanschlag auf den Neubau der jüdischen Synagoge geplant worden.

VI   Menschliche Quellen

»Menschliche Quellen« zählen zu den wichtigsten, aber auch umstrittensten Informationsquellen. Ich habe mich für diesen neutralen Begriff entschieden, weil alle anderen synonymen Begriffe eine Wertung enthalten. Die Dienste selbst sprechen von »V-Leuten« und meinen damit »Vertrauenspersonen«. Doch es ist offensichtlich: Mit »Vertrauen« hat die nachrichtendienstliche Tätigkeit eines Menschen nichts zu tun. Wenn jemand sich zu einer nachrichtendienstlichen Zusammenarbeit mit einem Geheimdienst verpflichtet, halten dies beide Seiten in einer förmlichen Erklärung fest. Und die »bindet« sie. Für »den Staat« bedeutet dies, dass er, wie während des Strafverfahrens gegen das ehemalige RAF-Mitglied Verena Becker deutlich wurde, gegenüber der »Quelle« eine Schutzfunktion hat und diese auch wahrnimmt. Umgekehrt ist auch die »Quelle« zur Verschwiegenheit verpflichtet. Wenn also auch ich den Begriff der »V-Leute« verwende, verstehe ich darunter die »Verbindungsperson« und nicht die »Vertrauensperson«. Für den Rechtsanwalt und Publizisten Rolf Gössner sind V-Leute des Verfassungsschutzes »Kriminelle im Dienst des Staates«[29], und bei Horst-Eberhard Richter gehören die Nachrichtendienste durch den Einsatz von V-Leuten zur »staatlichen Korruption«[30]. Beide Erklärungen weisen auf einen zentralen Kritikpunkt. In einer Vielzahl von Fällen haben wir es bei den V-Leuten mit Straftätern zu tun, die sich von einer Zusammenarbeit mit dem Verfassungsschutz eine günstigere Lebensentwicklung versprechen. In zahlreichen Begriffen wie »Spitzel«, »Maulwurf«, »Lockvogel« spiegelt sich im

Grunde die gleiche kritische Bewertung dieses nachrichtendienstlichen Mittels wider. Ich selbst habe lange Zeit auch geglaubt, V-Leute seien »unverzichtbar«. Eine Position, die noch heute Politik und Sicherheitsbehörden erkennbar nicht aufgeben wollen.

Die aktuelle Kritik bezieht sich vor allem auf bekanntgewordene Fälle im rechtsextremistischen Bereich. Im Zusammenhang mit dem NPD-Verbotsverfahren 2003 stellte sich heraus, dass etwa 30 der 200 NPD-Vorstandsmitglieder seit Jahren als V-Leute tätig waren, darunter der Heilpraktiker und langjährige DRP- und NPD-Funktionär Wolfgang Frenz. Er wurde ca. 35 Jahre vom Düsseldorfer Verfassungsschutz als Quelle geführt. Frenz hatte nach eigenen Worten die Zusammenarbeit mit der NPD abgesprochen. Er erklärte öffentlich:»Ich war nicht der V-Mann des Verfassungschutzes bei der NPD, ich war der V-Mann der NPD beim Verfassungsschutz.« Die von ihm erworbenen Honorarleistungen stellen eine Perversion des V-Mann-Gedankens dar. Auch der 1994 vom Thüringer Verfassungsschutz angeworbene Vorsitzende des »Thüringer Heimatschutzes« Tino Brandt erhielt in den sechs Jahren seiner V-Mann-Tätigkeit Honorare, Prämien, Spesen und Zuwendungen für seine Logistik, die völlig unangemessen waren.[31] Zugleich versetzte man mit diesen völlig überzogenen Zuwendungen die rechtsextremistischen Funktionäre in die Lage, die von ihnen vertretenen Gruppierungen materiell zu unterstützen.

Die Bilanz der nachrichtendienstlichen Zugangslage für den linken Terrorismus sieht völlig anders aus: Im Kommandobereich der RAF konnte von ihrer Gründung 1972 bis zu ihrer Auflösung 1998 keine menschliche Quelle platziert werden. Lediglich im Falle des rheinland-pfälzischen V-Manns Klaus Steinmetz ist es dem dortigen Landesamt Anfang der 90er-Jahre gelungen, eine menschliche Quelle an die mit Haftbefehl gesuchten RAF-Mitglieder Birgit Hogefeld und Wolfgang Grams heranzuführen.

Der erste V-Mann des Verfassungsschutzes in der linken Berliner Szene, Peter Urbach alias »S-Bahn-Peter«, war schon in seiner Zeit als Mitarbeiter der im Ostberliner Besitz befindlichen Reichsbahn angeworben worden. Michael »Bommi« Baumann, Mitbegründer der »Bewegung 2. Juni«, ist der Ansicht, als ehemaliges Heimkind sei Urbach »ein perfekter Spitzel, ein guter Agent«[32] gewesen. Seine Heimgeschichte und seine Sozialisation habe ihm einen idealen Zugang zur Szene verschafft: »Bei jedem konnte er die Psyche aufschlüsseln, wie er was kriegt, weil er einfach so groß geworden ist.« Freundlich, solidarisch und hilfsbereit, wie er gewesen sei, habe nie jemand über ihn groß nachgedacht: »... wenn der Typ da schon immer ist, dann wird er schon in Ordnung sein.« Über das Problem des Spitzels habe sich zu dieser Zeit keiner richtig Gedanken gemacht.

So gut das anfänglich auch funktionierte, hätte ein V-Mann wie Urbach wirklich in der »Bewegung 2. Juni« oder der RAF eine Perspektive und das Potenzial zu einer menschlichen Quelle gehabt? Hätte er über eine längere Zeit zielgerecht gesteuert werden können? Bommi Baumann erkennt zwar Charaktereigenschaften und Verhaltensweisen von Urbach, mit denen dieser offensichtlich ein hohes Maß an Vertrauen erwerben konnte. Aber dass Urbach zu Hause mit Frau, Kindern und Schwiegermutter gewohnt hatte, fiel Baumann schon auf. Denn aus genau diesen kleinbürgerlichen Zusammenhängen hätte sich Urbach lösen müssen. Diese Vergangenheit war es, die präsent blieb, die ihn daran hinderte, eine politische Geschichte zu entwickeln und sich einen theoretischen Standort zu erarbeiten. Und so kam es, wie es kommen musste. Urbach wagte sich sehr weit vor. Zu weit, wie zahlreiche Kritiker recherchiert haben.[33] Er lief aus dem Ruder und wurde zum »Agent Provocateur«. Aber da den Mitgliedern der »Bewegung 2. Juni« aus dem Kreis der Eisenbahner ein Spitzel-Verdacht zugetragen worden war, lehnten diese es ab, ihn in ihre Gruppe aufzunehmen.[34] Die RAF hingegen ignorierte die Warnungen – und Andreas Baader wurde das Opfer. Auf einen Hinweis von Urbach hin wurde er verhaftet. Nachdem im Prozess gegen Horst Mahler wegen Beihilfe bei der Gefangenenbefreiung von Andreas Baader im Frühjahr 1971 Urbachs Rolle intensiver durchleuchtet wurde, musste er vom Berliner Verfassungsschutz »abgeschaltet« werden.

Der Berliner Verfassungsschutz war schon wenig später in der Lage, gleichsam als Nachfolger für Urbach gleich zwei Quellen in die Strukturen der »Bewegung 2. Juni« einzuschleusen, eine davon Volker Weingraber, Edler von Grodek. Der V-Mann arbeitete gut platziert als Kellner in der Kreuzberger Kneipe »Tarantel«, einem linken Treffpunkt. Sein Deckname war »Wien«. Er hat den Berliner Verfassungsschutz in arge Bedrängnis gebracht, weil er in unmittelbare Nähe zu dem Fememord an Ulrich Schmücker geriet. Ulrich Schmücker hatte während eines Gefängnisaufenthalts 1972 mit dem Berliner Verfassungsschützer Michael Grünhagen ausführlich über die »Bewegung 2. Juni« geplaudert. Schmücker kam frei, aber sein »Geständnis« sickerte durch und er kam auf die Abschussliste. Er wurde als »Verräter« am Abend des 4. Juni 1974 im Berliner Grunewald durch Kopfschuss getötet. »Wien« war es auch gewesen, der noch in der Tatnacht die Waffe, mit der der Student erschossen wurde, von einem Tatbeteiligten übernommen hatte, der ihn bat, diese zu verstecken. Nur Stunden später hatte »Wien« die Tatwaffe, eine alte P38, dem V-Mann-Führer Michael Grünhagen übergeben. Wären die Observanten des Berliner Verfassungsschutzes ihrem

V-Mann bzw. dem von ihm zur Verfügung gestellten VW-Bus mit den Tätern in den Grunewald gefolgt, wären sie Zeugen dieser Hinrichtung geworden.[35] Die Observanten des Berliner Verfassungsschutzes waren zurückgezogen worden, als sich abzeichnete, dass nicht – wie erwartet – die Führungspersonen Inge Viett und Till Meyer am Treff-Ort erscheinen würden, sondern weniger bedeutsame Personen aus dem Umfeld der »Bewegung 2. Juni«.

Die Quelle »Wien« hat von 1972 bis 1979 für das Berliner Amt gearbeitet. Obwohl die V-Mann-Führung außergewöhnlich professionell arbeitete, gelang es ihr nicht, die Quelle an den harten Kern der Illegalen der »Bewegung 2. Juni« heranzuführen. Auch in seinem Fall muss man davon ausgehen, dass sein persönliches und politisches Profil insbesondere den Maßstäben der die »Bewegung 2. Juni« dominierenden Frauen nicht gerecht wurde. Beim »2.6.«, so eine kolportiere Lästerung, unterdrückten die Frauen die Männer und die Proleten die Akademiker. Die zu einem bestimmten Zeitpunkt überwiegend aus Frauen bestehende Gruppe um Inge Viett, Gabriele Rollnik und Juliane Plambeck zog sich Mitte der 70er-Jahre aus Berlin zurück, hielt sich zunächst in Westdeutschland auf und fasste später in Mailand Fuß. Dorthin steuerte der Berliner Verfassungsschutz auch die Quelle »Wien«, obwohl oder weil in Westberlin ein Haftbefehl gegen sie vorlag. Vergeblich. Von nun an war auch die »Bewegung 2. Juni« eine Gruppe, die sich – bis zu ihrer Auflösung und Fusion mit der RAF im Jahr 1980 – der nachrichtendienstlichen Kontrolle entzog.

Der zweite V-Mann, den die Berliner Verfassungsschützer in den Strukturen der »Bewegung 2. Juni« platzierten, war Christian Hain, Deckname »Flach«. Der Öffentlichkeit wurde er bekannt, als herauskam, dass er im Büro des Verteidigers einer Schmücker-Mord-Angeklagten gearbeitet hatte. Till Meyer meinte später mit einer gewissen Resignation oder Bewunderung: »Er kannte die linke Szene in Berlin so gut, dass mir nach seiner Enttarnung ein Aktivist aus der Szene gestehen musste: ›Dann haben die nahezu alles gewusst, man muss die Geschichte der linken Militanz in der Stadt neu schreiben‹.«[36]

In der früher der »Bewegung 2. Juni« angehörenden und später zur RAF gewechselten Terroristin Verena Becker fand das BfV Anfang der 60er-Jahre lediglich eine »geheime Informantin«, die während ihrer Haftzeit in Köln-Ossendorf »abgeschöpft« werden konnte. Am widerstandsfähigsten erwiesen sich jedoch die »Revolutionären Zellen«. Bei dieser Gruppe gelang es nicht, einen einzigen nachrichtendienstlichen Zugang zu erreichen.

Die Erfolglosigkeit bei der Quellengewinnung im Linksterrorismus zeichnete sich bereits Mitte der 70er-Jahre ab. Aber erst im Jahre 1978 wurde im gesamten Sicherheitsbereich über Alternativen zum traditionellen V-Mann und zu polizeilichen Ermittlungsmethoden nachgedacht. Zunächst kam es hierbei zu dem geschilderten Vorgang »Celler Loch«. Dabei ging die Initiative vom Niedersächsischen Verfassungsschutz aus. Aber auch im Bundeskriminalamt wurde ernsthaft darüber diskutiert, wie man die »Steuerung der RAF« selbst in die Hand nehmen könnte. Ein ehemaliger Kriminaldirektor des Bundeskriminalamtes erläuterte einem Untersuchungsausschuss des Bayerischen Landtags 1982 entsprechende Überlegungen: »Ich hatte vorgeschlagen, eine Gruppe von zwei oder drei Mitarbeitern zu etablieren, die als Terrorgruppe aufgebaut werden sollte, im Parallelgang zu bestehenden terroristischen Vereinigungen. Es war damals die Schwierigkeit, in Terrorgruppen einzuschleusen. Und da ich wußte, daß das nicht geht und daß das gefährlich ist, habe ich vorgeschlagen, eine isolierte Terroristengruppe zu bilden, die mit der Zeit von sich reden macht [...] Und wenn sie [die Terrorgruppe] bekannt genug ist in den Kreisen, dann werden sich von selbst Kontakte zu anderen Gruppen ergeben. Und von da an kann man von der Seite einsteigen. Welche taktischen Maßnahmen erforderlich sind, wie da vorgegangen werden muß, das habe ich exakt im Detail ausgearbeitet. Das war nicht nur eine spinnerte Idee, sondern ich habe ganz exakt bestimmte Maßnahmen vorgeschlagen, wie man das machen kann.«[37]

Die Idee des Undercover-Agenten (UCA) oder verdeckten Ermittelns drängte sich, darin kann man dem BKA-Mann folgen, als notwendige Alternative zu dem traditionellen V-Mann nach dem Scheitern der nachrichtendienstlichen Strategie 1977 geradezu auf. Aber eine »staatliche Terrorgruppe« auf den Weg zu schicken, die durch »entsprechende Aktionen« auf sich aufmerksam machen sollte, stellte den staatlich organisierten Anschlag in Celle weit in den Schatten. Der Vorschlag macht vor allem deutlich, dass bei dem Mitarbeiter des BKA jede Kenntnis über das Verhalten der RAF gegenüber regional in Erscheinung tretenden Terrorgruppen fehlte. Die RAF hätte nämlich sofort ein Konstrukt des Staatsschutzes unterstellt.

Völlig abwegig waren Überlegungen des BKA, das BfV oder der BND sollten den Privatagenten Werner Mauss als »Geheimwaffe« in ihre Dienste übernehmen. Bis zum Spätsommer 1978 war dieser vom Bundeskriminalamt geführt worden. Zugleich drängte die Industrie, vor allem die Versicherungen, »die Geheimwaffe Mauss ins Rennen zu schicken«.[38] BfV-Präsident Dr. Meier empfand den BKA-Vorschlag fast als unsittliches Angebot: »Ich suche die Quellen aus«, sagte er rigoros zu seinem Gesprächspartner. »Daraufhin«, so Meier später, »war die Diskussion zu Ende, relativ unerfreulich.«[39] Mauss trat schließlich seinen Dienst beim BND an. Obwohl der neue Präsident, Dr. Klaus Kinkel, zunächst gezögert hatte, fügte er sich der Politik. Außerdem hatte die deutsche Industrie inzwischen fast eine halbe Million DM eingesammelt, um der Terrorismusbekämpfung einen aus ihrer Sicht notwendigen Schub zu geben.

Herold hatte Mauss zwar zu Recht bestätigt, dass er in nachrichtendienstlichen Kategorien denke, aber das reichte natürlich nicht aus, um im geheimdienstlichen Bereich eine fachlich überzeugende Arbeit zu leisten. Ohne die Kenntnis terroristischer Konzepte, der Strukturen und der Einflussbereiche der jeweiligen Unterstützergruppe konnte eine Quelle nicht aufgebaut und auch nicht geführt werden. Und so landete Mauss mit den von ihm rekrutierten Personen in terroristischen Umfeldern, die eher den »Revolutionären Zellen« zuzuordnen waren als der RAF.

Die jahrzehntealte Vorstellung der Dienste, man könne mit dem klassischen V-Mann in eine terroristische Gruppe eindringen, war eine Illusion. Zudem sind wichtige Fragen immer verdrängt worden: Wie lange kann ein junger Mensch, der für zwei Seiten arbeitet, zwei Identitäten und Loyalitäten in sich trägt, eine solche Rolle spielen? Ein V-Mann, von dem noch die Rede sein wird, erklärte zu seinem Verständnis, dass er sich immer als »Mittler« gefühlt habe. Eine andere Quelle (»Wien«) stand nach ihrer Selbsteinschätzung immer auf der Seite des Staates. Und daraus ergeben sich weitere Fragen: Wie lange ist die Sicherheit einer solchen Quelle zu garantieren? Immerhin kann »das Schlimmste«, siehe den Mord an Ulrich Schmücker, passieren. Ganz zu schweigen von der Perspektive, die eine »verbrannte« menschliche Quelle hat bzw. nicht hat.

Ein hauptamtlicher Mitarbeiter hingegen hat von Anfang an seinen Auftrag, weiß, auf welcher Seite er steht, und kann sehr viel professioneller geführt werden, weil er sich in den nachrichtendienstlichen Strukturen auskennt und ein stabiles Verhältnis zu seinem V-Mann-Führer hat. Das spricht dafür, dass der Weg grundsätzlich richtig ist, die

Informationsbeschaffung durch einen UCA-Einsatz (auch »verdeckter Ermittler«) in der Terrorismusbekämpfung zu organisieren. Dies hat auch die »Koordinierungsgruppe Terrorismus« (KGT) im Jahre 1991 vorgeschlagen: »Zur Gewinnung von Erkenntnissen über die Aktivitäten und die Zusammensetzung des terroristischen Umfeldes und die derzeitige Struktur der RAF sind unter anderem auch verdeckte Ermittler einzusetzen.«[40] Das Wichtigste: Der Einsatz eines UCAs bzw. verdeckten Ermittlers muss langfristig angelegt sein. Ein häufiger Fehler: Die UCAs wurden zu schnell an die terroristischen Unterstützergruppen herangespielt, ihre Legende war nicht konsequent genug angelegt und vor allem: Sie hatten keine »politische Geschichte«. Dies zeigt der Fall eines in die Frankfurter Szene eingeschleusten verdeckten Ermittlers, der schon nach kurzer Zeit an seinem »bürokratischen« Verhalten scheiterte.

Nennen wir ihn Heinz Wolf. Wolf war jemand, bei dem das äußere Erscheinungsbild und die charakterliche Veranlagung so weit auseinanderlagen, wie man es sich kaum vorstellen kann. Wer ihn damals, er war Mitte zwanzig, zum ersten Mal sah, musste bei seinem Aussehen mit langen, dunklen, lockigen Haaren und dünnem Schnurrbart, mit kantigem Gesicht und drahtiger Figur unweigerlich an einen hoffnungsvollen Zuhälternachwuchs aus dem entsprechenden Kiez einer Großstadt denken. Der Eindruck verstärkte sich noch durch sein breites Ruhrgebietsdeutsch und sein wieherndes Lachen. Wer jedoch Wolf näher kannte, erfuhr rasch, dass sich hinter der rauen Schale eine Seele von Mensch verbarg, zuverlässig, fleißig und höflich. Er war verheiratet, wohnte in Köln und spielte bei einem damaligen Bezirksligisten Fußball.

Wolf wurde unter einer Legende eingeschleust. Vorgeblich kam er aus dem südlichen Baden, hatte aber seine Jugend im Ruhrgebiet verbracht. Er fuhr einen VW-Golf mit Freiburger Kennzeichen und trat als Erbe eines reichen Onkels aus dem Breisgau auf. Und er konnte glaubhaft machen, dass er trotz seiner großbürgerlichen Herkunft und der zu erwartenden Erbschaft das ausbeuterische Klassensystem verachtete und einreißen wollte. Er fand auch schnell Anschluss an eine »antiimperialistische« Gruppe in Frankfurt. Was gut gedacht und von der Planung her erfolgversprechend schien, erwies sich bei genauer Betrachtung allerdings als handwerklich wenig professionell. An jedem Wochenende, oft schon freitags gegen 16:00 Uhr, legte er seine Legende in Frankfurt ab und fuhr zurück nach Köln. Sein Auto mit dem Freiburger Kennzeichen stand dann das ganze Wochenende dort vor seiner Wohnung. Seine Gruppe in Frankfurt wurde misstrauisch. Wolf wurde »observiert«. Man folgte ihm auf der Heimfahrt, und schon war die Legende geplatzt. Daraufhin lockte ihn ein weibliches Mitglied seiner Gruppe nach seiner Rückkehr in Frankfurt in eine Wohnung, wo ihn vier maskierte Männer überwältigten und auf einen Stuhl fesselten. Dann begann ein »Verhör«. Er wurde mit dem Tode bedroht, falls er nicht lückenlos alles über die Aktionen des Verfassungsschutzes und seinen Auftrag berichten würde. Nachdem er sechzehn Stunden gefesselt auf dem Stuhl verbracht hatte – er bekam nichts zu essen und zu trinken und durfte nicht zur Toilette –, wurde er losgebunden und freigelassen. Zum Abschied wurde ihm nahegelegt, sich nie wieder in der Nähe von Frankfurt blicken zu lassen. Diese »revolutionäre Aktion« wurde anschließend in einer Alternativzeitung veröffentlicht. Damit war Wolf für immer »verbrannt«.

Entscheidend ist, dass Heinz Wolf strukturelle Schwächen in seiner Legende hatte. Sein Freiburger Vorleben hätte einer grundlegenden Überprüfung durch seine Gruppe nicht standgehalten, weil er sich mit hoher Wahrscheinlichkeit dort nur sehr selten aufgehalten und kaum überprüfbare soziale Bezüge aufzuweisen hatte. Er hätte vielmehr im Ruhrgebiet, beispielsweise in einer Universitätsstadt wie Bochum, legendiert werden müssen. Hier wäre eine Überprüfung durch seine Gruppe deutlich schwieriger und die Nähe zu seinem tatsächlichen Wohnort weniger problematisch gewesen. Vor allem aber hätte man ihm irgendwann die Frage gestellt: »Was ist deine politische Geschichte?« Ich habe Zweifel, ob er darauf ausreichend vorbereitet gewesen wäre.

Die RAF hat in ihren zahlreichen Erklärungen statt von »V-Leuten« oder Agenten ausschließlich von den »Bullen« geredet. »Der VS-Bulle Steinmetz«, so nennt die RAF die Quelle des rheinland-pfälzischen Verfassungsschutzes, die Anfang der 90er-Jahre an eine Illegale der RAF, Birgit Hogefeld, »herangespielt« wurde. Sprachlich hatte die RAF das Trennungsgebot von Polizei und Geheimdiensten schon aufgehoben.

Klaus Steinmetz hatte eine Geschichte wie viele andere in der linken Szene. Begonnen hatte er sein Engagement in der Friedensbewegung in Kaiserslautern. Ab 1985 fuhr er öfter an die Startbahn-West und beteiligte sich an den dortigen Demonstrationen. So bekam er Kontakt »zu Leuten« aus Frankfurt. Im gleichen Jahr zog er nach Mainz und arbeitete in einem Lateinamerika-Komitee mit. Zugleich bewegte er sich in der dortigen autonomen Szene. Ende 1986 verließ er zusammen mit einem Freund Mainz, um sich später, im Herbst 1988, am Aufbau eines Infoladens in Wiesbaden zu beteiligen. Dieser wurde zum Treff-Ort des autonomen und antiimperialistischen Spektrums. Steinmetz beteiligte sich an den politischen Diskussionen und insbesondere an den notwendigen praktischen Arbeiten, was immer stärker zu seinem Profil gehören sollte. Er war kein Ideologe, sondern ein Mann der Praxis. Durch seine Teilnahme an vielen militanten Aktionen verschaffte er sich zugleich Anerkennung und Vertrauen. Immer wieder hatte er auch seine Verbindungen zu Frauen eingesetzt, um Kontakte zu für ihn interessanten Zusammenhängen zu bekommen. Über einen Bekannten erhielt er eines Tages eine Einladung nach Paris, wo er am 26. Februar 1992 auf ein weibliches Mitglied der RAF traf: Birgit Hogefeld.

Mit diesem Treffen war der rheinland-pfälzische Verfassungsschutz am Ziel. Ihm war etwas gelungen, was sich alle Verfassungsschutzämter seit Anfang der 70er-Jahre zum Ziel gesetzt hatten: eine menschliche Quelle an den Kommandobereich der RAF heranzuspielen. Die Verfassungsschützer gingen immer davon aus, dass die Illegalen der RAF ihre Aktionen zwar autonom planen und durchführen, gleichzeitig aber auch immer im Auge hatten, die Verbindungen zum legalen antiimperialistischen »Widerstand« aufrechtzuerhalten. Also war es das Ziel der Dienste, Personen als Quellen zu gewinnen, die als »Nahtstellen« zu den Illegalen infrage kamen. Dieses Konzept ging im Fall Klaus Steinmetz auf und nur in seinem Fall.

Was in Paris so hoffnungsvoll begann, sollte jedoch am 27. Juni 1993 in Bad Kleinen mit zwei Toten und einer verletzten Bahnangestellten in einem Desaster enden: für die Sicherheitsbehörden, die Politik, die RAF, den V-Mann und auch für die Medien. Dabei war der Fall, der an diesem Tag in Wismar und Bad Kleinen eingetreten war, prinzipiell ein Standardfall. Wir Verfassungsschützer hatten uns immer wieder gedanklich auf einen solchen Treff vorbereitet. Aber als der Tag kam, wurden 97 Einsatzkräfte der Polizei von der Einsatzzentrale des BKA in Wiesbaden in Bewegung gesetzt.

Wie konnte ein solches Einsatzkonzept entstehen? Der damalige Generalbundesanwalt Alexander von Stahl hatte in einer Besprechung mit dem Bundeskriminalamt, dem Landesamt für Verfassungsschutz Rheinland-Pfalz und dem Bundesamt für Verfassungsschutz entschieden, dass ein für den 24. Juni geplantes neues Treffen des V-Mannes Steinmetz mit Birgit Hogefeld zur Festnahme genutzt werden sollte. In Wismar oder in Bad Kleinen. Gerade der wenig bekannte »Kurort« Bad Kleinen wurde später von der Polizei als kaum geeignet für eine Festnahme angesehen. Alexander von Stahl äußerte danach, »[...] wir konnten noch nicht einmal als sicher voraussetzen, dass Bad Kleinen der wirkliche Treffpunkt zwischen dem V-Mann Steinmetz und den Mitgliedern der Kommandoebene war. Es schien uns wahrscheinlicher, dass Steinmetz durch von Boten überbrachte Informationen an einen anderen Ort dirigiert werden würde, um durch Gegenobservation beobachten zu können, ob er beschattet wird«.[41]

Es ist nicht nachvollziehbar, wenn man erfährt, von welchem Modus Operandi und Treffverhalten der RAF die Expertengruppe offensichtlich ausgegangen ist. Spätestens seit den Aussagen der »Aussteigergruppe« der RAF wussten wir doch, wie sich die Treffen zwischen den Illegalen der RAF und ihren legalen Treffpartnern abspielten. Demnach unternahmen die legalen Treffpartner bei Antritt ihrer Reise alles, um sich möglichen Observationen zu entziehen, *bevor* sie am Treff-Ort eintrafen. Die Vorstellung, man müsse am Treff-Ort von einer Gegenobservation der Illegalen ausgehen und die Quelle würde möglicherweise durch einen »Boten« an einen anderen Ort dirigiert werden, war völlig abwegig. Aus weiteren Dokumenten geht hervor, dass insbesondere auch die Einsatzleitung in Wiesbaden kein klares Bild vom wahrscheinlichen Verhalten der RAF-Mitglieder hatte. Auch nahmen die Illegalen grundsätzlich zu zweit die Treffen mit ihren Treffpartnern wahr. Die Tatsache, dass Hogefeld in Paris und in Wismar/Bad Kleinen alleine erschien, war eine absolute Ausnahme. Dass Wolfgang Grams später in Bad Kleinen auf dem Bahnhof dazukam, bestätigt wiederum die damals vorhandenen Erkenntnisse. Ein Kardinalfehler war auch die Forderung aus den Reihen des Verfassungsschutzes, in jedem Fall sicherzustellen, dass die Quelle Steinmetz nicht »verbrannt« würde. Das zu garantieren wäre für niemanden möglich gewesen und war vom Ansatz her grundsätzlich falsch. Es schränkte nur die polizeilichen Möglichkeiten von Anfang an ein. Ein »Opfern« der Quelle wäre in jedem Fall begründbar gewesen, hätte die Prämisse zugetroffen, dass mehrere »Freunde«, wie von der Einsatzleitung angenommen wurde, in Bad Kleinen erscheinen sollten. Es war aber bereits im Lichte der damaligen Erkenntnisse eine bizarre Vorstellung, davon auszugehen, dass auf dem Bahnhof von Bad Kleinen eine »Vollversammlung« der RAF stattfinden würde – oder im Café auf dem Bahnhofsgelände.

Sieht man sich den Kreis der Verantwortlichen für das »Spektakel« in Bad Kleinen an, wird ein Strukturproblem der deutschen Sicherheitsarchitektur deutlich: Gefragt wird nicht, wer einen so schwierigen Fall lösen kann, sondern, wer zuständig ist. Hätte man sich im Verfassungsschutzbereich gefragt, wer die nötige operative Kompetenz hat, hätte man die als Berater beteiligen müssen, die in Berlin die notwendigen Erfahrungen mit den Einsätzen von Quellen wie »Wien« und anderen gemacht hatten. Das »kleine« Landesamt für Verfassungsschutz in Mainz hatte überhaupt keine operativen Erfahrungen, auf die es zurückgreifen konnte. Das Gleiche gilt für das Bundesamt für Verfassungsschutz und seine damalige Führungsspitze. Schließlich war es auch für das Bundeskriminalamt eine ungewohnte Erfahrung, zusammen mit dem Verfassungsschutz ein Einsatzkonzept zu entwickeln. Nie zuvor war es in der Terrorismusbekämpfung auf Bundesebene zu einer solchen Gemeinschaftsaktion von BKA und Verfassungsschutz gekommen.

Im Jahre 1980 kam es in Hamburg zu einer vergleichba-

ren Situation. Damals war es dem Hamburger Verfassungsschutz gelungen, zwei V-Leute aus dem antifaschistischen
Bereich an die RAF heranzuspielen. Die Hamburger Kollegen hatten erfahren, dass die RAF in Hamburg eine Wohnung suchte. Sie boten daraufhin »Paula« und »Egon« als
Quartiergeber an – und hatten Erfolg. Eines Tages standen
Christian Klar und Adelheid Schulz vor deren Tür und mieteten sich ein. Der damalige Leiter des Hamburger Landesamtes, Christian Lochte, stellte von Anfang an klar, dass »dies
eine nachrichtendienstliche Operation«[42] sei. Das heißt, er
lehnte es ab, das BKA überhaupt zu unterrichten. Der BKA-
Präsident erfuhr nur durch Zufall von der Anwesenheit von
Klar und Schulz in Hamburg und war zunächst sprachlos.
Ich kann mich erinnern, dass auch ich zunächst mehr als
verwundert war. Dies umso mehr, als sich herausstellte,
dass sowohl die Politik in Hamburg als auch in Bonn das
Verhalten Lochtes politisch billigte. Offensichtlich waren
sich alle einig, dass man dem BKA-Chef die nachrichtendienstliche Operation verschweigen müsse, weil dieser mit
Sicherheit einen sofortigen polizeilichen Zugriff gefordert
hätte. Und dies zu Recht. Es war leichtfertig und fahrlässig,
sich auf die nachrichtendienstlichen Überwachungsmaßnahmen zu verlassen. Lochte setzte auf Observation – das
schwächste nachrichtendienstliche Mittel.

Es ging ca. drei Wochen gut. Die Hamburger Kollegen
beobachteten zunächst, welche Wohnungen Klar und
Schulz in Hamburg aufsuchten und mit welchen Unterstützern sie sich trafen. Die Observanten konnten erfolgreich
auch eine Reise der beiden RAF-Mitglieder nach Frankfurt
beobachten. Dann stellte sich jedoch heraus, dass die Observation ohne zusätzliche Kräfte nicht durchzuhalten war.
Lochte wandte sich nun an das BfV, um von dort zusätzliche Kräfte zu erbitten. Mit verhängnisvollen Konsequenzen. Klar und Schulz hatten inzwischen erfahren, dass man

an ihnen »dran« war. Es hieß, zunächst seien sie durch den abgehörten Polizeifunk hellhörig geworden. Das Ergebnis: Die Observanten des BfV verloren in der Nähe des Kölner Hauptbahnhofs die beiden Zielpersonen – und zwar für immer. Der entscheidende Fehler von Lochte war also, auf das verbrauchte Instrument der Observation zu setzen. Und zugleich beherrschte auch ihn die Vorstellung, er müsse die ganze RAF einfangen. Damals eine Illusion und dreizehn Jahre später in Bad Kleinen auch.

Der Journalist und Autor Willi Winkler hat als Einziger ausgesprochen, was der Einsatz von Klaus Steinmetz aus seiner Sicht für die RAF bedeutet hat: »Klaus Steinmetz brachte die RAF an ihr Ende.«[43] Nach meiner Ansicht waren es jedoch vorrangig die gesellschaftliche Isolierung »revolutionärer Politik« und die grundlegende Umbruchsituation Anfang der 90er Jahre, die zur Krise der RAF führten. Dies erklärt auch, warum die RAF und insbesondere Birgit Hogefeld sich später so intensiv und ausführlich mit dem »Kontakt der RAF mit dem V-Mann Klaus Steinmetz«[44] auseinandergesetzt haben. Sie kommt dabei zu dem Ergebnis, »Steinmetz' ›Erfolg‹ lag nicht so sehr daran, dass er und der Verfassungsschutz so ›gut‹ waren, sondern vor allem an der desolaten Situation der betroffenen politischen Zusammenhänge«. Birgit Hogefeld hatte immer wieder registriert, dass bei den insgesamt vier Treffen mit Klaus Steinmetz in Bezug auf fast alle politischen Fragen und Probleme seine Haltung »fragend und unsicher« war und dass es »bei Plattheiten« blieb. Auch sei Steinmetz »schmierig genug [...] sofort umzuschwenken«. Hier wird deutlich, wie anfällig die Strategie der VM-Führung war. Steinmetz sollte sich offensichtlich nicht festlegen. Eine Strategie nicht ohne Risiko, wie die Analyse von Hogefeld zeigt.

Auch wenn menschliche Quellen zu Recht im Vordergrund des öffentlichen Interesses stehen, machen die kritischen Anmerkungen von Hogefeld über das Verhalten von Klaus Steinmetz deutlich, welche hohen Anforderungen insbesondere an den V-Mann-Führer zu stellen sind. Er muss nicht nur eine klare Vorstellung von der Richtung haben, in die die Quelle zu steuern ist. Er muss nicht nur die rechtlichen Grenzen erkennen und beachten, sondern er muss vor allem auch den Steuerungsprozess als einen intellektuellen Prozess ansehen, in dem die Formulierung eines politischen Standortes von zentraler Bedeutung ist.

Menschliche Quellen oder V-Leute waren jahrzehntelang, von wenigen Kritikern abgesehen, unbestritten ein unverzichtbares nachrichtendienstliches Mittel. Doch die Aufarbeitung der geschilderten Fälle kommt zu einem anderen Ergebnis: Terroristische Kleinstgruppen, die selbst weitgehend mit nachrichtendienstlichen Methoden arbeiten, sind für die Sicherheitsbehörden grundsätzlich nicht penetrierbar. Und in den wenigen Fällen, in denen es gelang, Quellen an die Kernbereiche dieser Gruppen heranzuführen, kam es für den Staat und die Quelle zu nicht vertretbaren Risiken. Eine Quelle, die aus dem terroristischen Unterstützerbereich gewonnen wird, wird immer in einen unlösbaren Identitätskonflikt geraten. Sie wird nie ganz auf der Seite des Staates stehen, weil sie sich immer auch zugleich den politischen Zielen »ihrer Gruppe« verpflichtet fühlen wird. Der Staat wird einer Quelle also nie ganz vertrauen können, und andererseits setzt der Staat eine Quelle einem Risiko aus, das er nicht vertreten kann. Die Geheimdienste und die Politik müssen erkennen, dass das klassische V-Mann-Konzept nicht mehr vertretbar ist.

Da aber der Staat nicht auf die Informationsbeschaffung in gewaltorientierten Strukturen verzichten kann, muss er vorrangig ein Instrument flächendeckend zum Einsatz bringen, das er bisher häufig nur in regionalen und internationalen Beobachtungsfeldern zum Einsatz brachte: den

verdeckten Ermittler. Hierbei handelt es sich um den haupt-
amtlichen Mitarbeiter einer Sicherheitsbehörde, der bei
seinem verdeckten Einsatz nicht in den geschilderten Zielkonflikt gerät. Die verdeckten Ermittler müssen langfristig
auf ihre Aufgaben vorbereitet und mit einer professionellen
Legende ausgestattet werden. Ihr Einsatz muss sich orientieren an einer Sicherheitsanalyse, die die Einsatzbereiche
und Prioritäten in der Terrorismusbekämpfung zentral für
alle Bereiche festlegt. Da in der Regel vor allem junge Beamte für den Einsatz als verdeckte Ermittler infrage kommen, übernimmt der Staat eine große Verantwortung für
deren persönlichen und beruflichen Lebensweg.

VII Die Entführung Schleyers und die Strategie des Nicht-Verhandelns

Am Abend des 5. September 1977 gab Bundeskanzler Helmut Schmidt in der ARD und im ZDF eine erste Stellungnahme zu der Entführung von Hanns Martin Schleyer ab. Der Schlüsselsatz seiner Erklärung lautete, »dass die staatlichen Organe sich nicht davon abhalten lassen werden, mit allen verfügbaren Mitteln gegen den Terrorismus Front zu machen«. Ich will den Begriff »Front« nicht überbewerten. Aber er kann doch versinnbildlichen, in welchen Kategorien er und andere Mitglieder des Krisenstabes später dachten – und entschieden. Helmut Schmidt machte in seiner ersten Erklärung deutlich, dass er die Aktion als Kampfansage an den demokratischen Rechtsstaat ansah. Und so hatte das auch die RAF gesehen. Über die »Gefangenenfrage« sollte die Machtfrage gestellt werden, gab das RAF-Mitglied Stefan Wisniewski später an.

Helmut Schmidt berichtet in seinem Buch ›Weggefährten – Erinnerungen und Reflexionen‹ unter der Überschrift »Ein dramatischer Sonntag« über ein »sehr ruhiges und nachdenkliches«[45] Gespräch, das er ausgerechnet für den 16. Oktober 1977 – das Ultimatum der Entführer lief ab – im Kanzlerbungalow angesetzt hatte. Eingeladen hatte er eine Gruppe von »linken Autoren«. Max Frisch, Heinrich Böll, Siegfried Lenz und Siegfried Unseld waren seiner Einladung gefolgt, Günter Grass hatte wegen seines 50. Geburtstages abgesagt. Sie suchten, so Helmut Schmidt, nach den »Gründen für die politische und moralische Verwirrung in den Köpfen und Seelen der Attentäter, nach den gesellschaftlichen und politischen Ursachen des Abgleitens junger Idealisten in das organisierte Verbrechen gegen das Leben anderer«. Es wird deutlich, dass sich dieses Gespräch sehr im Grundsätzlichen bewegte und wenig Bezug zu dem hatte, was zeitgleich die volle Aufmerksamkeit von Helmut Schmidt beanspruchte: Nachts um 24:00 Uhr sollte der Befreiungsversuch der GSG 9 in Mogadischu erfolgen. Und tatsächlich wurde Schmidt einige Male zu kurzen Gesprächen und Telefonaten aus dem Zimmer gebeten. Seine Gäste erfuhren nichts.

Am stärksten war Helmut Schmidt von Max Frisch beeindruckt. Dieser gab ihm zu verstehen, so Schmidt, »dass es zwischen unseren Hoffnungen, Sehnsüchten, Zielen und Plänen einerseits und der Wirklichkeit andererseits einen Gegensatz gibt, den wir nicht beheben können«. Dieser mehr abstrakte Zuspruch war für Helmut Schmidt in der konkreten Situation sehr hilfreich, was Frisch aber nicht wissen konnte. Als der Bundeskanzler wenige Tage später im Deutschen Bundestag über den Mord an Hanns Martin Schleyer, über die Befreiung in Mogadischu und über die Selbstmorde der Stammheimer zu berichten hatte, sagte er in Anlehnung an Max Frisch: »Wer weiß, dass er so oder so, trotz allen Bemühens, mit Versäumnis und Schuld belastet sein wird, wie immer er handelt, der wird von sich selbst nicht sagen wollen, er habe alles getan und alles sei richtig gewesen«.

Mit der gleichen Ernsthaftigkeit und Nachdenklichkeit erinnert sich auch Hans-Jochen Vogel an die schweren Stunden im Kanzleramt. In dem Buch ›Deutschland aus der Vogelperspektive‹, das er zusammen mit seinem Bruder geschrieben hat, beschreibt er die schweren Stunden im Krisenstab: »Die Atmosphäre war stets sachlich und sehr ernst. Ich kann mich nicht erinnern, dass es auch nur einmal einen Scherz oder Gelächter gegeben hätte, wie das sonst bei Politikerrunden üblich ist. Am bedrückendsten war die

Vorführung des von den Entführern angefertigten und der Krisenrunde zugespielten Videobandes, auf dem Schleyer vor dem RAF-Emblem zu sehen war und einen Text verlas, in dem er seinen Wunsch, weiterzuleben, deutlich artikulierte. Auch andere Botschaften, in denen Schleyer im Laufe seiner Gefangenschaft vorwurfsvolle Fragen an uns richtete, hinterließen noch lange tief zwiespältige Empfindungen, bei denen Gefühle des Mitleids mit dem Opfer, des Zorns auf die Entführer und der Machtlosigkeit mit der Überzeugung im Widerstreit lagen, im Interesse des Gemeinwesens nicht anders handeln zu können, als wir es taten.«[46]

Der Respekt vor den außergewöhnlichen Leistungen, die Helmut Schmidt, Hans-Jochen Vogel, Hans-Jürgen Wischnewski und Horst Herold in diesen schwierigen Stunden erbracht haben, hält heute noch an. Umso schwerer fällt es, der Frage nachzugehen, ob damals wirklich nichts versäumt wurde? Insbesondere ob sich nicht hätte ausloten lassen, ob die Konfrontation von RAF und Staat nicht doch mit politischen Mitteln aufzulösen gewesen wäre?

Es ging damals um mehr als um die Befreiung von Hanns Martin Schleyer. Es ging auch um die Entwicklung einer Perspektive für beide Seiten. Mehr als vierzig Jahre später ist es erlaubt zu fragen, ob es wirklich statthaft war zu glauben, man könne mit polizeilichen Mitteln die Befreiung von Hanns Martin Schleyer erreichen? Daran habe ich erhebliche Zweifel.

Eine Chance, die Entführer zu finden, gab es höchstens in den ersten Stunden bzw. Tagen und in der Nähe des Tatortes. Dies hätte man erkennen können, wenn man ein realistisches Bild von der Strategie und der Konsequenz der RAF gehabt hätte und wenn man die Strukturen erkannt hätte. Im Fall der Entführung von Hanns Martin Schleyer war von Anfang an erkennbar, in welch starkem Maße die

Entführung des CDU-Politikers Peter Lorenz Anfang 1975 bzw. sein Austausch gegen in Berlin inhaftierte Mitglieder der »Bewegung 2. Juni« die Entscheidungen bestimmte. Vor allem die Tatsache, dass die freigepressten und nach Aden ausgeflogenen Häftlinge wenig später erneut in terroristischen Zusammenhängen in Erscheinung traten, stellte am Ende eine wohl nicht zu überwindende Hürde für eine politische Verhandlungslinie dar.

Die ausführlichen Darstellungen der Entführung von Peter Lorenz durch mehrere ehemalige Mitglieder der »Bewegung 2. Juni« und die »dokumentarische Fiktion« von Peter-Jürgen Boock[47] über die Entführung Schleyers machen deutlich, wie unterschiedlich die jeweilige Ausgangssituation war und auch die jeweiligen Fahndungsstrategien hätten sein müssen. Geradezu verblüffend wirken noch heute die strategischen Überlegungen, mit denen die Mitglieder der »Bewegung 2. Juni« die Errichtung eines »Volksgefängnisses« angingen, denen zufolge das »Volksgefängnis« an einem Ort zu sein habe, »wo Bewegung und Aufenthalt von jungen Leuten ganz normal sind und wo es üblich ist, dass ständig irgendwelcher Krimskrams hin- und hergetragen wird. In einer legeren, betriebsamen Gegend[48]«. Die »Bewegung 2. Juni« beschloss, einen Secondhand-Laden in Kreuzberg einzurichten. »So richtig legal, mit Gewerbeschein und allem Drum und Dran.« Ein Teil des Kellers darunter wurde zu einer schalldichten Zelle ausgebaut und der Zugang möglichst unverdächtig gestaltet, »ohne dass wir schon wissen, wer hier eines Tages von uns bewacht werden wird. Erst wollten wir alle materiell-technischen Voraussetzungen schaffen und dann festlegen, wem wir ›die Ehre‹ geben. Paula ist legal und dem Verfassungsschutz noch unbekannt. Sie übernimmt und führt den Secondhand-Laden. Die Sache läuft ausgezeichnet.«[49]

Aus fachlicher Sicht ist besonders bemerkenswert, dass

die »Bewegung 2. Juni« nicht nur ihre »Illegalen« mit der Errichtung des »Volksgefängnisses« beauftragte, sondern auch weitere Unterstützer daran beteiligte. Dies im Unterschied zur RAF, die strikt darauf achtete, dass alle Vorbereitungen und Maßnahmen ausschließlich von den Illegalen durchgeführt wurden. Das Erkennen dieses Unterschieds hätte für die Entwicklung aller Fahndungsstrategien erhebliche Konsequenzen gehabt. Im Falle der Entführung von Hanns Martin Schleyer bedeutete dies konkret, dass alle Versuche, über die legalen RAF-Mitglieder zu der illegalen Infrastruktur und damit zum Verwahrort von Schleyer vorzustoßen, scheitern mussten. Daher führte es im BfV auch zu erheblichen Irritationen, als BKA-Präsident Herold die Arbeitshypothese entwickelte, Hanns Martin Schleyer sei möglicherweise in einer Arztpraxis untergebracht. Wir hielten einen solchen Modus Operandi für völlig abwegig. Im Zusammenhang mit der Entführung von Peter Lorenz hätte eine solche Vorstellung grundsätzlich seine Berechtigung gehabt, waren doch hier nicht nur sieben Illegale der »Bewegung 2. Juni« beteiligt, sondern noch weitere legale und halblegale Mitglieder, wie Till Meyer in seinen ›Erinnerungen‹ berichtet. Die logistischen Vorbereitungen für diese zentrale terroristische Aktion waren von den Berliner Kollegen nicht erkannt worden. Das heißt, trotz einer sehr guten Zugangslage in den Strukturen der »Bewegung 2. Juni« hatte es der Kernbereich um Inge Viett, Till Meyer und Gabriele Rollnik verstanden, sich der nachrichtendienstlichen Beobachtung zu entziehen.

Was die Ausgangspositionen in den beiden Entführungsfällen Lorenz und Schleyer angeht, muss auch darauf hingewiesen werden, dass im Falle der RAF die Stammheimer Gefangenen in massiver Weise Druck auf die Illegalen ausgeübt haben, wie ein Kassiber zeigt, der sich kurz vor Beginn der »Offensive 77« an die Illegalen richtet: »An die,

die sich RAF nennen. Wir sind es leid, von euch, wenn es um das wichtigste, wenn es um die Aktion geht, nichts als Ausflüchte zu hören. Wir haben den Hungerstreik auf EURE Aufforderung hin abgebrochen, weil IHR angekündigt habt, endlich offensiv zu werden. Doch statt der Offensive hören wir seit Wochen von euch nur, warum es nicht geht, was wie viel Zeit braucht, wer bei welchem Plan welches Wehwehchen hat. Müssen wir euch von hier aus darüber aufklären, dass sich Guerilla immer über die Qualität des Angriffs definiert? Wir werden nicht länger darauf warten, daß ihr endlich begreift, und unser Schicksal wieder selbst in die Hand nehmen. Während ihr mit uns Spielchen veranstaltet habt, hat der Apparat unsere Schwäche längst analysiert, d. h. konkret: unsere Möglichkeiten, als Kollektiv zu handeln, werden systematisch immer weiter eingeschränkt. Nach dem Abbruch des Hungerstreiks wird es jetzt für uns darum gehen, Glaubwürdigkeit zurück zu gewinnen. Aber wir sind entschlossen, wir haben nichts zu verlieren, wir werden den Plan zu unserer psychischen und physischen Liquidierung durchkreuzen. PS: Verwendet die drei Buchstaben erst wieder, wenn euch zum Begriff OFFENSIVE etwas anderes einfällt als Ausflüchte.«[50]

Die Strategie der Bundesregierung war im Kern ganz einfach: Sie wollte Zeit gewinnen, um jeden Preis. Und die Fahndungsstrategie des BKA war ausschließlich darauf gerichtet, in die Kommunikationswege zwischen dem Kommando der RAF und den unterschiedlichsten Gesprächspartnern einzudringen. Heute wissen wir, dass die RAF eine sehr komplexe und differenzierte Struktur aufgebaut hatte, die vor allem darauf ausgerichtet war, strikt zwischen den operativen Kräften, den Bewachern von Hanns Martin Schleyer, und den »Verhandlungsführern« und Kurieren zu unterscheiden. Ein möglicher Zugriff im Bereich dieses Personenkreises hätte damit nicht unbedingt bedeutet, auch etwas über den Aufenthaltsort von Schleyer zu erfahren.

Aus meiner heutigen Sicht hätte die Bundesregierung spätestens am 1. Oktober 1977 das Undenkbare denken und eine Verhandlungslösung anstreben müssen, wenn sie das Leben von Hanns Martin Schleyer hätte retten und den Konflikt zwischen RAF und Staat entschärfen wollen. Als Baader mehrfach nach dem Staatssekretär im Kanzleramt, Dr. Manfred Schüler, bzw. Hans-Jürgen Wischnewski als Gesprächspartner rief, hätte die Bundesregierung die politische, ja historische Dimension der Situation erkennen müssen. In diesem Augenblick hätte die Frage danach gestellt werden müssen, mit welcher Strategie die Konfrontation RAF – Staat aufgehoben werden könnte. Das heißt, es ging konkret um das Ende des bewaffneten Kampfes durch die RAF. Doch an Stelle von Staatssekretär Manfred Schüler, der nach eigenen Worten[51] schon seinen Koffer gepackt hatte, schickte die Regierung einen Beamten des Bundeskanzleramtes nach Stammheim, der von dem Sonderermittler des BKA, Alfred Klaus begleitet wurde.

Welche politischen Lösungen aus der Sicht der Entführer möglicherweise hätten ausgelotet werden können, ist dem Gespräch zu entnehmen, das Stefan Wisniewski im Jahre 1996 mit dem ID-Verlag, Berlin, führte:

ID: Es gab aber doch eine Zäsur, einen Punkt, an dem die Spirale der wechselseitigen Drohungen beendet war. Das war nach dem 18. Oktober: Die Maschine in Mogadischu war gestürmt, die Geiseln befreit, drei Palästinenser erschossen, und die Gefangenen in Stammheim waren tot. Warum konntet ihr da nicht aussteigen, warum habt ihr Schleyer nicht nach Hause geschickt?

W: Das hätte aus unserer damaligen Sicht bedeutet, daß wir die Politik des Krisenstabes bestätigen und legitimieren.

Eine Freilassung ohne politische Gegenleistung wäre nicht als menschliche Geste verstanden worden, sondern als Eingeständnis der Niederlage, als voller Erfolg für den Krisenstab nach dem Motto: Härte zahlt sich aus.

Aus heutiger Sicht sehe ich auch unsere verpaßten Chancen, die politischen Interventionsmöglichkeiten, die auch Schleyer den Weg nach Hause hätten ebnen können.

ID: Hattet ihr euch dazu etwas überlegt, gab es Kompromißlinien, z. B. weniger Gefangene werden freigelassen, Hafterleichterungen, die Anerkennung, daß es sich um politische Gefangene handelt?

W: Wenn in der damaligen Situation das Angebot von Andreas zum Rückzug der Gefangenen zu einer Reaktion der Bundesregierung geführt hätte, wenn es irgend eine Form der politischen Akzeptanz gegeben hätte, wenn beispielsweise eine internationale Kommission zur Überprüfung der Haftbedingungen angeboten worden wäre, dann hätten wir natürlich reagiert, dann wäre es für uns undenkbar gewesen, strikt auf der ursprünglichen Forderung zu beharren und Schleyer zu erschießen.[52]

Glaubt man Wisniewski, lag die Messlatte für die geforderten Gespräche nicht sehr hoch. »Irgendeine Form der politischen Akzeptanz« und »eine internationale Kommission zur Überprüfung der Haftbedingungen«, das waren Forderungen, die für den Staat keine unüberwindbaren Hürden dargestellt hätten. Aber was war mit dem Hinweis von Wisniewski auf »das Angebot von Andreas zum Rückzug der Gefangenen« gemeint? In der Dokumentation[53] der Bundesregierung zu den Ereignissen und Entscheidungen im Zusammenhang mit der Entführung von Hanns Martin Schleyer und der Lufthansa-Maschine »Landshut« vom 7. Oktober 1977 ist eine Aufzeichnung des Beamten des Bundeskanzleramtes über sein Gespräch mit Andreas Baader enthalten. Die wichtigsten Passagen seines Berichtes seien hier wiedergegeben:

1. Auftrag

Nach der Beratung im »kleinen Krisenstab« am 16.10.1977, 20.10 Uhr, hat mich der Bundeskanzler beauftragt, am 17.10. mit Baader zu sprechen. Baader hatte nach Mitteilung des Bundeskriminalamtes zuvor mehrfach den Wunsch geäußert, mit Staatssekretär Schüler zu sprechen. Ein zunächst vorgesehenes Telefongespräch zwischen Staatssekretär Schüler und Baader war meines Wissens nicht zustande gekommen. Mein Auftrag ging dahin, in einem eingehenden Gespräch von Baader möglichst konkret zu erfahren, was er Staatssekretär Schüler mitteilen wolle und, wie Baader nach Mitteilung des Bundeskriminalamtes gesagt hat, nicht mit einem Polizisten besprechen könne.

2. Bemerkungen zu den Umständen und zum Ablauf des Gesprächs

Ich hatte Baader niemals vorher persönlich gesehen und war auch nicht über nähere Einzelheiten seines Lebenslaufs und der ihm vorgeworfenen Straftaten unterrichtet. Auf meine Bitte hat mich daher der begleitende Beamte des Bundeskriminalamtes während der Fahrt nach Stammheim näher informiert und darauf vorbereitet, daß Baader zurzeit sehr nervös und etwas konfus sei.

3. Der Inhalt des Gesprächs

Das Gespräch drehte sich über weite Strecken um die politischen Ziele und Strategien der RAF in relativ allgemeiner Form. Aus meiner Sicht ergaben sich keine neuen Informationen. Die wesentlichen Aussagen lassen sich kurz zusammenfassen:

Terrorismus im Sinne der jetzigen brutalen Aktionen gegen unbeteiligte Zivilisten hätten sie, die Häftlinge, nie gebilligt und billigten sie auch jetzt nicht.

- *Die Bundesregierung müsse sich klar darüber sein, daß die jetzige 2. und 3. Generation der RAF die Brutalität weiter verschärfen werde.*
- *Die Palästinenser seien von den Ereignissen in Tel Zatar geprägt, und die Japaner übten zurzeit ohnehin nur brutaleren Terror ohne eigentliches politisches Ziel aus. Es sei Unsinn, daran zu glauben, sie hätten Aktionen aus den Zellen heraus gesteuert.*
- *Im damaligen Anlass für ihre eigenen Aktionen, die deutsche Unterstützung der Amerikaner im Vietnamkrieg, sehe er auch heute noch rückblickend als [sic?] zwingenden Grund für diese Aktionen an. Allerdings habe seine Gruppe auch Fehler gemacht.*
- *Er warf die Frage auf, ohne näher darauf einzugehen, wem die vom Staat verschuldete Eskalation des Terrors und der Brutalität nütze; vielleicht werde sie von manchen sogar gewünscht. Sie werde jedenfalls eine breite illegale Bewegung hervorrufen, die der RAF zur Macht verhelfe.*
- *Wären sie, die Häftlinge, schon früher freigelassen worden, hätten sie mit Sicherheit die jetzige brutale Entwicklung verhindern können. Jetzt sei es spät, vielleicht zu spät; er glaube aber doch, daß ihr ideologischer Einfluß auf die jetzigen Terroristen ausreiche, um sie von dem falschen Weg abzubringen. Allerdings seien ihnen die jetzt agierenden Leute kaum oder gar nicht persönlich bekannt.*
- *Nach ihrer Freilassung würden sie ihre Zusage, in der Bundesrepublik Deutschland keine Anschläge mehr zu verüben, selbstverständlich halten. Er betone nachdrücklich, daß sie natürlich auch im Ausland keine militärischen Aktionen, sondern nur zivile Operationen durchführen würden; zum Beispiel sei es für sie sehr wichtig, was im Zusammenhang mit dem Auslieferungsverfahren*

Pohle in Griechenland politisch gelaufen sei. So etwas verstehe er unter zivilen Operationen.

- *Der Gedanke, daß Häftlinge in den Strafanstalten sterben könnten, wurde von ihm eher beiläufig erwähnt und gegenüber früheren Äußerungen, über die das Bundeskriminalamt berichtet hat, in keiner Weise konkretisiert. Ich wiederhole, daß seine gesamte Argumentation fast ausschließlich auf den Gedanken einer Freilassung fixiert war.*

Ich habe mich weitestgehend rezeptiv verhalten und zu dem Gespräch im Wesentlichen durch kurze ergänzende Fragen zu seinen Ausführungen beigetragen.

Abschließend versicherte ich ihm, ich würde Staatssekretär Schüler noch heute über das Gespräch berichten.[54]

Dieser Bericht des Beamten aus dem Kanzleramt macht deutlich, dass die Bundesregierung nicht daran dachte, ernsthafte politische Gespräche mit den Gefangenen aufzunehmen, eine Verhandlungslösung wurde nicht in Erwägung gezogen. Damit wurde eine Linie beibehalten, die am Abend des 5. September festgelegt worden war. In der Dokumentation der Bundesregierung heißt es dazu:

Der Bundeskanzler faßt als Ergebnis der Beratungen zusammen, daß sich die zu treffenden Entscheidungen an folgenden Zielen orientieren sollen:
- *die Geisel Hanns Martin Schleyer lebend zu befreien;*
- *die Entführer zu ergreifen und vor Gericht zu stellen;*
- *die Gefangenen, deren Freilassung erpreßt werden sollte, nicht freizugeben.*[55]

In einer Erklärung am 15. September 1977 vor dem Deutschen Bundestag hatte Bundeskanzler Helmut Schmidt da-

rauf hingewiesen, dass die Analyse von rund 70 Geiselnah-
men in anderen Staaten der Welt zu dem Ergebnis geführt
hätte, dass – von einer Ausnahme abgesehen – Regierun-
gen nicht im Vorwege Regeln für ihr Verhalten aufstellen
oder gar veröffentlichen können, sondern dass sie sich in
jedem einzelnen Falle verantwortlich entscheiden müssen.
Aber wichtiger wäre dabei gewesen zu untersuchen, ob
tendenziell vergleichbare Entführungen jemals ohne echte
Verhandlungen zu einem positiven Ergebnis geführt haben.
Weiter stellte Schmidt mit Nachdruck fest: »Diese Verantwortung heißt: nichts zu versäumen und nichts zu verschul-
den.«[56]

Mehr als 30 Jahre später ist es Zeit, der Frage nachzugehen, ob die Bundesregierung und der Krisenstab dieser Ma-
xime gerecht geworden sind. Ist wirklich nichts versäumt
worden? Ist nicht sogar eine historische Chance vertan
worden? Tatsache ist, dass im Verlauf der Entführung von
Hanns Martin Schleyer die Gefangenen Baader, Ensslin,
Raspe und Möller das Gespräch mit dem Sonderermittler
Alfred Klaus des BKA suchten und dabei folgende wichtige
Botschaften übermittelten:

1. Die Gefangenen suchten eine politische Lösung. Sie
   wünschten sich ein Gespräch mit dem Staatssekretär
   des Bundeskanzleramtes, Dr. Manfred Schüler.
2. Mehrere Gefangene deuteten an, dass sie der Bundesregierung »die Entscheidung aus der Hand nehmen würden«, wenn diese sich weiterhin einer politischen Lösung
   entziehen würde.
3. Die Bundesregierung könne damit rechnen, dass die
   Freigelassenen nicht in die Bundesrepublik zurückkeh-
   ren würden.

Vor diesem Hintergrund fand am 17. Oktober 1977 das oben abgedruckte Gespräch zwischen dem Beamten des Kanzleramts und Andreas Baader statt. Dieser präzisierte hierbei vor allem die Ziffer 3. Danach würden die Gefangenen nach ihrer Freilassung in der Bundesrepublik keine Anschläge und auch im Ausland keine »militärischen« Aktionen mehr durchführen. Zugleich würden sie ihren »ideologischen Einfluss« einsetzen, um die jetzigen Terroristen vom »falschen Weg« abzubringen. Damit war ein Punkt erreicht, an dem die Gespräche mit der RAF endgültig vom BKA auf die Politik hätten übergehen müssen. Spätestens zu diesem Zeitpunkt hätte die Politik eine Alternative zur bisherigen »Hinhaltetaktik« vorlegen müssen. Denn nun wurde das Scheitern der »polizeilichen Lösung« offenkundig. Je länger sich die Scheinverhandlungen hinzogen, umso größer wurden auch im BKA die Zweifel. Glaubt man der Darstellung des BKA-Sonderermittlers Klaus, stellte sich auch für Präsident Herold zunehmend die Frage, wie eine Alternative zur polizeilichen Lösung aussehen könnte.

Das Gesprächsverhalten des Beamten aus dem BK (»Ich habe mich weitestgehend rezeptiv verhalten«) macht deutlich, dass es seitens der Bundesregierung keine Überlegungen gab, die bisherige Linie zu verlassen. Wie unvorbereitet der Beamte in dieses wichtige Gespräch ging, bestätigt er in seinem Gesprächsvermerk selbst: »Ich hatte Baader niemals vorher gesehen und war auch nicht über nähere Einzelheiten seines Lebenslaufs und der ihm vorgeworfenen Straftaten unterrichtet.« Bundesregierung und Krisenstab haben sich offensichtlich nicht mit der Frage beschäftigt, welchen Weg die RAF und die Gefangenen wohl gehen würden, wenn es für sie keine akzeptable Lösung gäbe. Hanns Martin Schleyer hat sich dagegen intensiv mit dieser Frage auseinandergesetzt.

In einem persönlichen Schreiben an seinen Sohn Eberhard vom 8. September 1977, also drei Tage nach seiner Entführung, machte er zur voraussichtlich entstehenden Entwicklung der Konfrontation von RAF und Staat bemerkenswerte Ausführungen. Er hat die weitere Entwicklung mit großer Klarheit vorhergesehen:

Das Ziel der Entführer wird sie bei Ablehnung der Forderungen und nach meiner Liquidierung nur veranlassen, das nächste Opfer zu holen. Nach allem, was ich heute über die Entführungsabsicht Ponto und über meinen Fall weiß, wird dieses Ziel erreicht. Es gibt, wie man gesehen hat, keinen absoluten Schutz, wenn man so sorgfältig arbeitet wie die RAF. Es ist auch eine Fehleinschätzung der Polizei, wenn sie glaubt, daß meine Entführer kein persönliches Risiko eingehen würden. Sie suchen es nicht, aber sie scheuen es auch nicht. Es wird also dann nicht nur einen Fall Ponto und Schleyer geben, sondern einige mehr. Man muß also nüchtern Bilanz ziehen und in die Abwägung alle kommenden Entführungsfälle mit dann tödlichem Ausgang (bei heute und später unveränderten Forderungen) einbeziehen. Das sollte Helmut Schmidt ebenso wissen wie Helmut Kohl + H.-D. Genscher.

Mein Fall ist nur eine Phase dieser Auseinandersetzung, als deren Gewinner ich nach meinem jetzigen Wissensstand nicht das BKA sehe, weil die Personen, deren Freilassung gefordert wird, die Entführer in ungeahntem Maß zu weiteren Handlungen motivieren. Die Verantwortlichen in unserem Land können aber nicht nur im Panzerwagen reisen und werden daher immer Blößen zeigen. [...] Die Entführer kennen diesen Brief natürlich, aber er entspricht m e i n e r Überlegung + ist Produkt der letzten Nacht. Die politische Verantwortung trägt natürlich Bonn, aber sie unterschätzen dort offenbar die Ernsthaftigkeit + Härte meiner Entführer.

Man kann dieses Spiel um Zeitgewinn nicht weiter trei-

ben, weil es auch für die Entführer Zwänge gibt, deren
1. Opfer ich bin [...] Ruhe an der Front wird es nicht so schnell
geben, aber man kann eine Eskalation verhindern, wenn man
das Hauptziel nicht erst nach dem 10. Anschlag erfüllt.[57]

Schleyers kluge Einschätzung der Situation und der RAF ist
bemerkenswert. Die »Nähe« zur RAF scheint dabei hilfreich
gewesen zu sein. Eine gegenteilige Entwicklung zeigte sich
in Bonn. Hier war die »Entfernung« zur RAF so groß, dass
Überlegungen zur weiteren Entwicklung der Konfrontation gar nicht angestellt wurden. »Man kann dieses Spiel
um Zeitgewinn nicht weiter treiben« – eine Einsicht, die in
Bonn keine Chance hatte. Und Schleyers Hinweis auf den
zu erwartenden »10. Anschlag« sollte bittere Realität werden. Es dauerte weitere zehn Jahre, bis die Politik begriff,
dass der Schlüssel zur Lösung des Konfliktes in der »Gefangenenfrage« lag.

Das Ziel, die Geisel Hanns Martin Schleyer lebend zu
befreien, war, wie schon gesagt, realistisch nur in den ersten Tagen nach seiner Entführung zu erreichen. Je länger
die Fahndungsmaßnahmen sich hinzogen, umso geringer
wurden die Chancen. Zwar war die polizeiliche Vorstellung,
durch eine flächendeckende »strategische Kontrolle« der
Kommunikationswege mögliche Kommandomitglieder zu
ergreifen, grundsätzlich nicht unrealistisch, wie der »Vorfall
Silke Maier-Witt« bestätigte. Als diese aus einer Telefonzelle
heraus mit dem Büro Payout – der Schweizer Anwalt war
als Verbindungsstelle zwischen den Entführern von Hanns
Martin Schleyer und der Bundesregierung eingerichtet –
telefonierte, hörte sie eine Stimme in der Leitung mit den
Worten »Wir haben sie ...«. Aber wäre man mit ihrer Fest-
nahme dem Ziel, Schleyer zu befreien, nähergekommen?
Das von Alfred Klaus[58] überlieferte Beispiel von Anfang
Oktober 1977 zeigt, dass man sich Illusionen hingab.

»Auf dem Weg zu Herold«, schreibt Klaus, »– er hatte mich zu sich gebeten, und ich hoffte, daß er sich mit mir über meinen Vorschlag unterhalten wollte – traf ich im Flur den Kollegen Georg Pohl. ›Fred‹, sagte er, ›was ich dir noch sagen wollte: Du hattest recht. Ich meine damit, daß diese RAF-Leute wirklich keine normalen Kriminellen sind. Knut Folkerts zum Beispiel!‹

Der war vor zwei Wochen in den Niederlanden festgenommen worden. ›Hast du ihn vernommen?‹ fragte ich. Georg nickte. ›Ja, und ich habe ihm weisungsgemäß eine Million Mark angeboten, wenn er mir das Versteck von Schleyer verrät. Eine Million! Und was glaubst du, wie er reagiert hat?‹

›Er hat vermutlich abgelehnt.‹

›Ja, hat er. Die Typen sind wirklich auf ihren Kurs eingeschworen. Völlig unbestechlich.‹

›Eben keine normalen Kriminellen. Das macht es ja so schwierig.‹«

Das Gespräch zwischen den beteiligten Polizeibeamten lässt erkennen, welches Bild von der RAF noch im Jahr 1977 im BKA anzutreffen war. Knut Folkerts hat 30 Jahre später das Angebot des BKA bestätigt. Für Kenner der RAF ist die Reaktion von Folkerts vorhersehbar gewesen. Kein Mitglied des damaligen Kommandobereichs wäre auf ein solches Angebot eingegangen. Einige Jahre später machte nach Angaben des SPIEGEL[59] der Verfassungsschutz einem ausgewählten Kreis von Legalen ein vergleichbares Angebot. Vergeblich.

Ein echtes Gesprächsangebot an die RAF hätte ansetzen müssen an den von den Entführern gestellten Forderungen. Elemente eines Verhandlungsangebots hätten z. B. sein können:

- Die Fahndungsmaßnahmen werden, zeitlich befristet, eingestellt.
- Es wird von jeder Seite ein Vermittler benannt.
- Dem wegen seiner Schussverletzungen haftunfähigen Günter Sonnenberg wird Haftverschonung gewährt.
- Es wird eine internationale Untersuchungskommission zur Untersuchung der Haftbedingungen eingesetzt.

An dieser Stelle ist es nicht möglich, eine schlüssige Verhandlungsstrategie ausführlich darzustellen. Hier soll und kann nur ausgeführt werden, dass die Haltung des Staates im »Deutschen Herbst« nicht nur unter verfassungsrechtlichen Gesichtspunkten von besonderem Interesse ist. Vielmehr ist es auch im Hinblick auf zukünftige Entführungsfälle dringend erforderlich, eine Diskussion über Alternativmodelle zur damaligen Krisenstrategie der Bundesregierung zu entwickeln. In zahlreichen Diskussionen anlässlich der dreißigsten Wiederkehr des »Deutschen Herbstes« waren Vertreter der Politik und der Sicherheitsbehörden einhellig der Auffassung: »Der Staat darf sich nicht erpressen lassen.« Niemand wird sich gegen diese Grundsatzposition wenden können, aber gleichzeitig muss jeder wissen, dass eine solche Position nicht jede politische Lösung blockieren darf. Ob München 1972, Peter Lorenz 1975 oder Hanns Martin Schleyer 1977, es war immer im Einzelfall zu entscheiden und abzuwägen, welche Strategie für das »Gemeinwesen« (Vogel) angemessen ist.

VIII   Dr. Wadi Haddad – der unbekannte Pate der deutschen Guerilla

Einer größeren Öffentlichkeit wurde Dr. Wadi Haddad (»Abu Hani«) erst durch eine Doku-Fiction[60] von Egmont R. Koch im Juli 2010 bekannt. Recherchen des Filmemachers hatten ergeben, dass gleichzeitig mit der Entführung der »Landshut« eine geheime Operation des Mossad stattfand. Ziel dieser Operation sei es gewesen, den »Regisseur des internationalen Terrorismus«[61] für immer auszuschalten. Der Clou dabei: Dem Film zufolge hatte Haddad eine ausgeprägte Schwäche für belgische Pralinen. Einem Agenten des Mossad sei es gelungen, sich das persönliche Vertrauen von Wadi Haddad zu erwerben und ihm – eigens importierte – mit einem langsam wirkenden Gift präparierte Pralinen zukommen zu lassen. Wadi Haddad starb am 28. März 1978 in Ostberlin und wurde in Bagdad beerdigt.

Der Palästinenser Wadi Haddad war Leiter der »Außenoperationen« der PFLP, Flugzeugentführungen waren seine Spezialität. Im Juli 1968 hatten seine Leute die erste Passagiermaschine in Europa gekapert. Im September 1970 ließ Haddad öffentlichkeitswirksam vier entführte Passagiermaschinen auf dem Dawson's Field-Flughafen in Jordanien sprengen. Vom Massaker auf dem israelischen Flughafen Lod 1972 über die Geiselnahme auf der OPEC-Konferenz in Wien 1975 bis zur Entführung einer Air-France-Maschine nach Entebbe im Jahr darauf zieht sich die blutige Spur dieses Mannes. Insgesamt gingen bis 1977 neun Flugzeugentführungen, über 40 Anschläge, 100 Tote und 250 Verletzte auf sein Konto.

Die deutschen Dienste erkannten erst gegen Ende der

70er-Jahre die zentrale Rolle, die Wadi Haddad im Zusammenhang mit den Planungen und Aktionen deutscher Terrorgruppen spielte. Doch niemand hatte auch nur annähernd eine Vorstellung von dem Einfluss, den dieser auf die RAF, die »Bewegung 2. Juni« und die »Revolutionären Zellen« ausübte. Auch innerhalb dieser Gruppen erkannten nur wenige, in welche Abhängigkeiten sie sich begeben hatten und wie wenig die Ziele Haddads und die konkreten Lebensbedingungen in seinen »Ausbildungscamps« mit ihren eigenen Vorstellungen von einem »selbstbestimmten Leben« übereinstimmten. Der an der »Opec-Aktion« beteiligte Terrorist Hans-Joachim Klein berichtete später[62] über die Situation in einem palästinensischen Ausbildungslager, dass er sich zwar »so ziemlich jede Freiheit (und auch einige Frechheiten) herausnehmen konnte« und dass Haddad ihn wie einen Sohn behandelte, dass aber die palästinensischen Genossen, die Soldaten, meistens nichts zu lachen hatten. Schon gar nicht, wenn sie Anordnungen und Befehlen nicht korrekt nachkamen. Es gab eine klare Trennungslinie zwischen den Führern und den Soldaten. Haddad sei »die meiste Zeit am Hin- und Herreisen« gewesen und habe alle Annehmlichkeiten gehabt, die man sich verschaffen konnte, vom Kinobesuch über Hotelfressgelage bis zu Diskothekenbesuchen.

Von einem »Meister des Geschäfts« wie »ein Sohn« behandelt zu werden, konnte Klein nur schmeicheln. Das RAF-Mitglied Peter-Jürgen Boock, der Wadi Haddad Mitte der 70er-Jahre in Aden kennenlernte und ihn als »Puppenspieler« sah, »der die Fäden in der Hand hielt«, charakterisierte ihn als einen Schachspieler, der »präsent am Brett« sei, »aber ohne etwas von den tausend taktischen und strategischen Überlegungen preiszugeben, die weit über den Zug hinausgingen, den er gerade tat«.[63] Boock stellte fest, dass es niemanden in der Gruppe gab, »der nicht fasziniert war von ihm und seiner Art, Dinge anzugehen«, machte jedoch die Einschränkung, dass »Old Man, so unser durchaus respektvoll gemeinter Spitzname für ihn, auch eine ganz andere Seite hatte«, das »wussten wir von denjenigen aus unseren Reihen, die die ersten Gespräche mit ihm führen mussten.«

Nach dem Zusammenbruch der Sowjetunion wurden in Moskauer Archiven auch Dokumente entdeckt, in denen Wadi Haddad erwähnt wird. Dort zeigte sich, dass dieser, wie zu vermuten war, noch in einer ganz anderen Liga gespielt hat. Ein Schreiben des KGB-Vorsitzenden Juri Andropow an Leonid Breschnew vom 23. April 1974 hält fest, dass der KGB seit 1968 »konspirative amtliche Kontakte« zu Haddad unterhalten hatte, und beschreibt dann eine Unterredung Haddads mit dem Vertreter des KGB im Libanon: »Im Verlauf des Gesprächs hatte Haddad das Perspektivprogramm für die Diversions- und Terrortätigkeit der PFLP dargelegt und dann die einzelnen Punkte aufgeführt. Dazu gehörte die Verlängerung des »Ölkriegs« der arabischen Länder [...] mit besonderen Mitteln [...]. W. Haddad wandte sich an uns mit der Bitte, seiner Organisation bei der Beschaffung von speziellen technischen Mitteln, die für die Durchführung bestimmter Diversionsakte erforderlich sind, behilflich zu sein. Haddad ist sich bei seiner Zusammenarbeit mit uns und seinem Hilfeersuchen über unsere prinzipiell ablehnende Haltung gegenüber dem Terror im klaren und konfrontiert uns nicht mit Fragen, die mit diesem Bereich der Aktivitäten der PFLP zusammenhängen. Die Kontakte mit Haddad gestatten uns, die Tätigkeit der Abteilung für Außenoperationen der PFLP bis zu einem bestimmten Grade zu kontrollieren, sie in einem für die Sowjetunion günstigen Sinne zu beeinflussen sowie bei absoluter Geheimhaltung mit den Kräften seiner Organisation aktive Maßnahmen in unserem Interesse durchzuführen.«[64]

Die Haltung des KGB deckt sich mit der – später noch

ausführlicher beschriebenen – Strategie des MfS. Es duldete die Außenoperationen der PFLP und versuchte sie zu kontrollieren. In einem begrenzten Umfang gewährte man auch logistische Hilfen. Ein mittelbarer Einfluss auf die Aktionen der RAF konnte daraus jedoch nicht ersichtlich werden.

Über die intensiven Beziehungen von Wadi Haddad zur RAF, zur »Bewegung 2. Juni« und zu den »Revolutionären Zellen« findet man in den offiziellen Verlautbarungen der deutschen Sicherheitsbehörden Ende der 70er-Jahre nichts. Im Verfassungsschutzbericht des Jahres 1977 sucht man im Kapitel »Linksextremistische Bestrebungen 1977« den Namen von Wadi Haddad und seiner Organisation vergebens. Lediglich im Kapitel »Sicherheitsgefährdende Bestrebungen von Ausländern 1977« finden sich zwei Hinweise auf ihn bzw. seine Organisation. Es heißt dort:

»Wie in den Vorjahren verübten Ausländer einzeln oder in Gruppen, in denen vielfach Täter unterschiedlicher Staatsangehörigkeit mitwirkten, politisch motivierte Gewalt- und Terrorakte. Mit der Entführung der Lufthansa-Maschine ›Landshut‹ im Oktober von Palma de Mallorca nach Mogadischu durch ein Terrorkommando einer Splittergruppe der ›Volksfront zur Befreiung Palästinas‹ (PFLP) unter Dr. Wadi Haddad gingen maoistische [sic] Palästinenser zu einer neuen Methode ihres ›antiimperialistischen Kampfes‹ über: einer flankierenden Operation zur Unterstützung deutscher Terroristen bei einer Gefangenenbefreiungsaktion.«[65] Und an anderer Stelle führt der Bericht zu den »Palästinensischen Gruppen« aus: »Wie die Entführung der Lufthansa-Maschine ›Landshut‹ im Oktober 1977 von Palma de Mallorca nach Mogadischu gezeigt hat, ist im Bereich des palästinensischen Widerstandes die Bereitschaft, Terror als Mittel des politischen Kampfes auch außerhalb des Nahen Ostens anzuwenden, am stärksten bei der Splittergruppe der ›Volksfront für die Befreiung Palästinas‹ unter Dr. Wadi Haddad (PFLP-HADDAD-Gruppe) ausgeprägt. Palästinensergruppen erhielten auch 1977 Geld, Waffen und logistische Unterstützungen aus Libyen, dem Irak, Algerien und dem Süd-Jemen.«[66]

Zwar hatte der Verfassungsschutz 1975 – vor allem in Berlin und Hamburg – im Rahmen nachrichtendienstlicher Maßnahmen zahlreiche Kontakte und Reisen Einzelner und kleinerer Gruppen in palästinensische Zusammenhänge, insbesondere zur FATAH, dem militärischen Teil der PLO, festgestellt, hatte aber nicht erkannt, dass sich bereits in der Phase 1973/74 Mitglieder aller drei deutschen Terrorgruppen auf »Einladung« der PFLP in deren Ausbildungslagern vor allem in Aden und Bagdad aufhielten und dort das terroristische Handwerk lernten. Auch der BND hatte Mitte der 70er-Jahre das neue Ausbildungs- und Operationsgebiet der deutschen Terrorgruppen nicht erkannt und die notwendigen operativen Konsequenzen gezogen. Aden und Bagdad sollten von da an die Orte sein, wo sich die deutsche Terrorelite vorrangig aufhielt. Spätestens im Frühjahr 1975 hätten die Dienste ihre operativen Kräfte also verstärkt und gezielt auf den Nahen Osten konzentrieren müssen. Denn am 3. März 1975 hatte sich die deutsche Regierung den Forderungen der Entführer des Berliner CDU-Vorsitzenden Peter Lorenz gebeugt und der Forderung nach Freilassung von sechs inhaftierten Mitgliedern der »Bewegung 2. Juni« nachgegeben. Zielort für die freigepressten Gefangenen war der Flughafen Aden im Jemen. Und nicht nur die Geheimdienste haben die sich anbahnende Internationalisierung des Terrorismus nicht erkannt. Auch die Politik hatte die Dimension dieses Vorgangs nicht erfasst. Sie hatte zwar den Süd-Jemen dringend gebeten, die freigepressten Mitglieder der »Bewegung 2. Juni« aufzunehmen, aber gegenüber dem Land eine zögerliche und

eher missverständliche Haltung eingenommen. Der südje-
menitische Botschafter in der damaligen DDR beschwerte
sich später zu Recht: »Wir haben damals erst nach wieder-
holten und verzweifelten Appellen der Bundesregierung
die Lorenz-Leute landen lassen. [...] Und die Bundesregierung versuchte zu vertuschen, dass wir nur eine Bitte erfüllt haben.«[67] Was sich im »Deutschen Herbst« 1977 bitter
rächen sollte.

Das Jahr 1975 markiert den Beginn der »Internationalisierung« des Terrorismus: Von nun an planten und kooperierten die Palästinenser und die deutschen Terrorgruppen
in vielfältiger Weise miteinander. Inge Viett, schon seit
Anfang der 70er-Jahre einer der strategischen Köpfe der
»Bewegung 2. Juni«, schrieb später, dass sie nach der erreichten Freipressung ihrer inhaftierten Genossen zweimal
in den Nahen Osten geflogen ist, um mit den Freigekomme-
nen Kontakt aufzunehmen[68]. Dies gelang zunächst nicht.
Erst eine Gruppe um Gabriele Rollnik schaffte es, Mitte
1976 mit einem Teil der Freigepressten im Süd-Jemen Verbindung aufzunehmen. Rollnik war am 7. Juli 1976 zusammen mit drei weiteren Frauen aus der RAF und der »Bewegung 2. Juni« aus der Frauenhaftanstalt Lehrter Straße
in Westberlin ausgebrochen. Sie flogen nach Bagdad, um
dort Kontakt zur Gruppe um Wadi Haddad aufzunehmen.
Die freigepressten Mitglieder der »Bewegung 2. Juni« hatten sich faktisch schon im Flugzeug getrennt. Verena Becker schloss sich zusammen mit Rolf Heißler der RAF an,
Ina Siepmann und Gaby Kröcher-Tiedemann blieben bei
der »Bewegung 2. Juni«. Rolf Pohle setzte sich nach Griechenland ab und stieg ganz aus.[69] Im Jahre 1975 machten
sich auch die ersten »Sympathisanten« der RAF auf den
Weg nach Aden. Unter ihnen Monika Haas aus Frankfurt,
die durch ihre spätere Heirat mit dem militärischen Ausbil-

der der PFLP-SC, Zaki Helou, und ihre Beteiligung an der Entführung der »Landshut« im Jahre 1977 in besonderem Maße die Aufmerksamkeit der Sicherheitsbehörden auf sich zog.

Außer Monika Haas waren im Jahr 1975 zwei weitere Sympathisanten der RAF in den Süd-Jemen gereist, um sich für die Sache der Palästinenser zu engagieren, Brigitte Schulz und Thomas Reuter. Sie waren die ersten Sympathisanten der RAF, die von Wadi Haddad in eine terroristische Aktion eingebunden wurden. Mit weitgehenden Konsequenzen.

Haddad hatte ein Kommando (»Outside-Operation«) aufgestellt, das im Frühjahr 1976 auf dem Flughafen in Nairobi ein israelisches Verkehrsflugzeug mit Flugabwehrraketen vom sowjetischen Typ »Strela« – Nato-Name »Sam 7« – abschießen sollte. Leiter des Kommandos war Abu Hannafeh, die rechte Hand von Wadi Haddad. Mit dabei waren die beiden RAF-Mitglieder Brigitte Schulz und Thomas Reuter. Doch die kenianischen Behörden hatten rechtzeitig von dem geplanten Anschlag erfahren. Die Palästinenser waren vom Mossad beschattet worden, nachdem sie vom britischen Konsulat in Beirut Visa für Kenia erhalten hatten. Sie wurden vor Ausübung des Anschlags in der Nähe des Flughafens festgenommen. Verhaftet wurden auch Schulz und Reuter, deren Untertauchen 1975 vom Verfassungsschutz registriert worden war. Aber es gibt bis heute keine gesicherten Erkenntnisse über die Zahl der insgesamt beteiligten RAF-Mitglieder in Nairobi. Und es gibt über die Vorfälle sehr unterschiedliche Darstellungen. Hans-Joachim Klein, der nach dem Wiener OPEC-Attentat wieder zu Wadi Haddad gestoßen war, berichtet, dass der PFLP-Führer sehr beunruhigt war, da der Anschlag noch nicht stattgefunden hatte und das Kommando »überfällig« war. »[...] ich verstand, nachdem man mir alles näher erklärt hatte, auch ganz gut, warum. Abu Hannafeh war nämlich die rechte Hand von Abu Hani und wusste somit naturgemäß eine Menge Sachen.«[70]

Danach »wurde jemand nach Nairobi geschickt, um Nachforschungen anzustellen und um Abu Hannafeh eine Mitteilung zukommen zu lassen, wenn er aufgetrieben war. Diese Nachricht war in arabischer Schrift auf dem Bauch eines Mitglieds der RAF geschrieben. Dieses Mitglied wurde schon auf dem Airport in Nairobi verhaftet, ob von israelischen oder nairobischen Sicherheitsbeamten entzieht sich meiner Kenntnis. [...] Das Mitglied der RAF wurde aus unerfindlichen Gründen frei gelassen – sogar mit einem Brief von Abu Hannafeh an dessen Frau versehen – und kam zu Abu Hani zurück, um Bericht zu erstatten. Allen war klar – doch keiner sprach es aus –, dass dieses Mitglied wohl umgedreht sein musste. Auch Abu Hani, doch er ließ es an der langen Leine.«[71] In dieser Schilderung spricht Klein von drei Mitgliedern der RAF, die an dem Kommando beteiligt gewesen seien: »Beteiligte des Kommandos waren unter anderem drei Mitglieder der RAF – das dritte konnte entkommen, und ich sprach mit ihm.«

Ganz anders das Tatgeschehen nach der Eigendarstellung von Brigitte Schulz und Thomas Reuter gegenüber ihrem Anwalt. Der hielt in einem Nonpaper fest: »Brigitte Schulz und Thomas Reuter sind Mitte Dezember [1975] nach Rom geflogen, haben dort neue Pässe erhalten und sind dann über Kairo in den Süd-Jemen nach Aden gereist, um dort eine Spezial-Kampfausbildung zu erhalten. Der Zweck dieser Reise sei beiden bekannt gewesen. Nach der zweiwöchigen Ausbildung sind sie von der Ausbildungsorganisation der PFLP, einem radikalen Ableger der PLO, nach Somalia geschickt worden, haben dort wieder neue Pässe erhalten und sind mit dem Auftrag nach Kenia geschickt worden, An- und Abflugzeiten am Flughafen Nairobi auszuforschen und einen Wagen zu mieten. Sie waren in Begleitung von Monika Haas und einem anderen Deutschen. In Nairobi, wo sie täglich das Hotel gewechselt haben, sollten sie sich dann zu einem verabredeten Zeitpunkt mit dem Wagen und einigen in dem Wagen transportierten Raketen an einem bestimmten Ort in der Nähe des Flughafens einfinden, um das eigentliche Aktionskommando, drei oder mehr Araber, zu treffen. Sie fuhren zum vereinbarten Ort, trafen niemanden an, fuhren ins Hotel zurück und wurden nach einer halben Stunde verhaftet. Der gemietete Wagen mit den Raketen wurde gefunden. Sie haben dann in der Haft den kenianischen Außenminister gesehen, der ihnen zugesichert habe, sie würden in der folgenden Nacht nach Deutschland geflogen. Sie haben dann wohl eine Spritze erhalten, saßen, als sie wach wurden, einem Mann gegenüber, der sich als PLO-Mitglied ausgab und sie ausforschen wollte. Das war allerdings ein Trick des israelischen Geheimdienstes. Sie sind dann in der Folge wohl gefoltert worden und illegal nach Israel transportiert worden [...]. Über das Schicksal des anderen Deutschen, der bei der Festnahme wohl nicht dabei war, und das der Monika Haas wissen Thomas und Brigitte nichts.«[72]

Monika Haas geriet wie keine zweite in den Verdacht, von fast jedem Geheimdienst angeworben worden zu sein. Insbesondere ist »Amal« oder »die schöne Frau«, wie sie in Aden genannt wurde, nie den Verdacht los geworden, während ihrer Haftzeit in Nairobi vom Mossad angeworben worden zu sein. Doch diejenigen, die ihr, wie die Stasi, die Tätigkeit für einen »imperialistischen Geheimdienst« unterstellten, haben dafür zu keinem Zeitpunkt einen Nachweis führen können. Völlig zu Unrecht hat man sie auch der Beteiligung an dem gescheiterten Entführungsversuch von Jürgen Ponto, dem Sprecher der Dresdner Bank, verdächtigt. In der Bewertung des Falles von Monika Haas habe ich nur sehr selten eine angemessene und ausgewogene Beurteilung gefunden. Sie selbst hat maßgeblich dazu beigetragen, indem sie letztlich jede »terroristische Orientierung« leugnete. Monika Haas hat meiner Einschätzung nach auch nie für einen »imperialistischen Geheimdienst« gearbeitet. Sie ist jedoch mit hoher Wahrscheinlichkeit während ihrer Verhaftung in Kenia vom Mossad umfassend abgeschöpft und unter bestimmten Bedingungen freigelassen worden. Durch die Freundschaft ihres Mannes mit dem Waffenhändler Monzar al Kassar hatte sie Kenntnis von »Verbindungen«, die über die terroristischen Zusammenhänge hinausgingen und von hohem Interesse waren. Ihrer Aussage, keine Waffen nach Mallorca gebracht zu haben, stehen zahlreiche glaubwürdige Aussagen unterschiedlichster »Kronzeugen« entgegen.

Wenn die Darstellung des Anwalts von Schulz und Reuter, die ich in den Akten des AA gefunden habe, zutrifft, sind alle bisher bekannten Veröffentlichungen zum Komplex Nairobi in Frage zu stellen. Ich selbst gehe davon aus, dass der Anwalt von Schulz und Reuter deren Einlassungen korrekt zusammengefasst hat. Sie stehen im Übrigen auch nicht der Berichterstattung der Deutschen Botschaft in Israel entgegen. Diesen Berichten ist auch zu entnehmen, in welch hohem Maße die politischen Beziehungen zwischen Israel und der BRD durch den Komplex Nairobi gestört waren.

Die wichtigste und folgenreichste Kooperation zwischen Wadi Haddad und der RAF fand auf dem Höhepunkt der »Offensive 77« mit der Entführung von Hanns Martin Schleyer statt. Laut Peter-Jürgen Boocks Schilderungen habe Haddad die RAF noch 1976 wissen lassen, dass er es zutiefst bedaure, dass drei Genossen der RAF bei dem versuchten Raketenanschlag der PFLP auf die EL-AL-Maschine in Nairobi verhaftet worden waren. Seiner Einschätzung nach war die Aktion verraten worden. Er soll auch gesagt haben, dass die verhafteten Mitglieder der RAF für das palästinensische Volk Helden und Märtyrer seien und die PFLP nunmehr in der Schuld der RAF stünde. Im Gegenzug wolle er der RAF mit einer Unterstützungsaktion helfen. Ein in Bagdad stattgefundenes Gespräch mit Haddad, bei dem auch Brigitte Mohnhaupt dabei war, lässt – selbst wenn Boock es Jahre später aus der Erinnerung niedergeschrieben hat – das »diplomatische Niveau« erahnen: »Ich habe euch gestern von Steve ausrichten lassen, was ich vordringlich mit euch besprechen möchte. [...]. Ich wollte nicht, dass es euch jemand von uns in schlechtem Englisch überbringt, und ich hatte gehofft, dass ihr auch miteinander ins Gespräch kommen würdet. [...] Bevor ich euch aber meine Vorschläge unterbreite, möchte ich erst kurz zusammenfassen, wie ich die momentane Situation beurteile. Bitte widersprecht, wenn sich meine Einschätzung nicht mit eurer deckt. Helmut Schmidt hat sich festgelegt, nicht nachzugeben. Das sagt er zwar nicht offen, aber es scheint mir daran keinen Zweifel geben zu können. Ich denke außerdem, dass es für euch zumindest schwierig, vielleicht sogar unmöglich ist, diese Aktion durch eine weitere zu unterstützen. Als euer Verbündeter möchte ich euch daher anbieten, eurer Aktion durch ein weiteres, von uns durchgeführtes Kommando zu helfen. Ihr hattet ja schon seit gestern Zeit, darüber nachzudenken, und ich hoffe, dass ihr uns die Gelegenheit geben werdet, unsere praktische Solidarität unter Beweis zu stellen.«[73]

In den folgenden Gesprächen wurde der RAF klar, dass sie von nun an nicht nur in eine erhebliche Abhängigkeit von der PFLP-SC geriet, sondern mit der Flugzeugentführung auch ein Aktionsmittel akzeptierte, das insbesondere die Stammheimer in ihrer Stellungnahme zur Flugzeugentführung nach Entebbe vom Juli 1976, bei der alle

Geiselnehmer, darunter auch die RZ-Mitglieder Böse und Kuhlmann ums Leben kamen, stark kritisiert hatten und das auch die Legalen nicht billigen würden. Auch eine Lösegeldforderung, von Wadi Haddad gegen die Bedenken der RAF durchgesetzt, machte der RAF zu schaffen. Diese musste mit dem operativen Teil der Entführergruppe, der sich in Brüssel aufhielt, abgesprochen werden. Peter Jürgen Boock erklärte, dass die Übergabemodalitäten für das Lösegeld deshalb so kompliziert gewesen seien, weil »wir so sicher wie möglich an das Geld kommen wollten und ohne dass es selbst für Geheimdienste erkennbar sein sollte, wie das Geld in unsere Hände gelangte. Es war geplant, dass Eberhard Schleyer, ein Sohn der Geisel, mit dem Koffer voll Geld von Frankfurt via Paris mit Stopps in einer ganzen Reihe von, was man heute »Schurkenstaaten« nennt, nach Hanoi fliegen sollte. Irgendwo unterwegs sollte der Koffer ausgetauscht werden. Dies zu organisieren erforderte die direkte Kommunikation trotz aller Gefahr.«[74] Zwei RAF-Mitglieder seien zur Abstimmung mit einer Iraqui-Airways-Maschine direkt von Brüssel nach Bagdad geflogen. »Normalerweise hätten wir niemals einen so gefährlichen Direktflug gewählt. In der Zeit der Hochfahndung mussten wir davon ausgehen, dass Direktflüge von den Geheimdiensten erfasst wurden. [...]. Aber es war unvermeidlich geworden, dieses Risiko ausnahmsweise einzugehen, denn durch die von Abu Hani durchgesetzte Gelderpressung waren neue Absprachen wegen der Übergabemodalitäten notwendig, die sowohl wegen ihres Umfangs wie auch aus Sicherheitserwägungen nicht über Fernschreiben und Telefon vereinbart werden konnten.« Zur Minimierung des Risikos seien die beiden Emissäre »mit den saubersten Pässen ausgestattet worden, die wir im Vorrat hatten, sogenannten Komplettdubletten. Ihre Pässe gab es zweimal, alle eingetragenen Daten und auch die Passnummern stimmten mit wirklich in Dänemark und Holland ausgegeben Originalpässen überein. Mit dem Ausstellen dieser raren Papiere gingen wir sehr knauserig um, sie waren für Notsituationen und außergewöhnliche Umstände reserviert.« In diesem Fall hat die RAF die Kapazität und Kooperationsbereitschaft der Geheimdienste weit überschätzt.

Nicht nur die »Bewegung 2. Juni« und die RAF waren Bündnispartner von Wadi Haddad und seiner PFLP-SC. Es waren vielmehr Mitglieder der »Revolutionären Zellen«, die sich als Erste an den terroristischen Aktionen der Haddad-Gruppe beteiligten. Die »Revolutionären Zellen«, die immer »im Schatten der RAF standen« (Kraushaar), hatten sich 1973 aus dem »Frankfurter Fadenkreuz« heraus entwickelt. Sie waren über viele Jahre für die Sicherheitsbehörden ein unbekanntes Wesen. Wir registrierten jahrelang einen Anschlag der RZ nach dem anderen, ohne auch nur die geringsten Informationen über die Struktur und den Personenkreis der RZ zu haben. In der Öffentlichkeit waren sie weitgehend als »Rote Zellen« und »Feierabendterroristen« bekannt. Erst im Jahre 1978 machte das RZ-Mitglied Hermann Feiling, das sich beim Zusammenbau einer Bombe, die gegen das argentinische Konsulat gerichtet war, schwer verletzt hatte, gegenüber dem Landeskriminalamt in Baden-Württemberg umfangreiche Angaben. Danach entstand ein Bild von den »Revolutionären Zellen«, das in jeder Hinsicht ein alternatives Konzept zur RAF bot. Die einzelnen Zellen operierten vollständig autonom und ihre Mitglieder blieben so lange in der Legalität, wie das möglich war. Gerieten sie in das Fadenkreuz der Polizei, tauchten sie ab in den Untergrund. Die RZ-Mitglieder kannten sich untereinander nur mit Decknamen, und die einzelnen Gruppen kommunizierten nur über ein Delegiertensystem miteinander. Ab 1975 hatte ich mich intensiv mit den »Revolutionären Zellen« befasst. Ich fand ihr Konzept politisch durchaus anspruchsvoll: Sie klinkten sich in die aktuellen gesellschaftspolitischen Auseinandersetzungen ein, wie das Beispiel »Startbahn-West« zeigte. Dazu fackelten sie Fahrkartenautomaten ab, zündeten Sex-Läden an – vor allem die »Rote Zora«, die autonome Frauengruppe der RZ – und hatten das chilenische Konsulat während der Pinochet-Diktatur angegriffen. Ihre sozialrevolutionäre Orientierung hielt ich langfristig für erfolgreicher als das ausschließlich »anti-imperialistische« Konzept der RAF. Aber dies war, wie später das ehemalige RZ-Mitglied Gerd Schnepel erläuterte, nur die »Hauptlinie«. Die »anti-imperialistische und internationalistische« »Nebenlinie« jedoch, die sich Mitte der 70er-Jahre herausbildete, sollte erhebliche Auswirkungen sowohl auf die Entwicklung der RZ als auch auf den internationalen Terrorismus haben. Denn es kam zu einem Ausmaß an Zusammenarbeit zwischen dem internationalistischen Flügel der RZ und der PFLP-SC, die niemand in den Diensten für möglich gehalten und vorhergesehen hatte.

Erste Spuren hinterließ der Führer der RZ-Familie, Wilfried Böse, in internationalen Zusammenhängen, als er im Juni 1975 die »Europa-Zelle« der PFLP-SC in Paris logistisch unterstützte. Wenige Monate später tauchten er und seine Partnerin Brigitte Kuhlmann unter. Sie sollten erst im Zusammenhang mit der Flugzeugentführung von Entebbe ein Jahr später wieder von sich reden machen. Wie eng die Zusammenarbeit zwischen den deutschen Terrorgruppen und Wadi Haddad war, wurde der deutschen und internationalen Öffentlichkeit am 20. Dezember 1975 bekannt, als sechs Terroristen eine Konferenz der OPEC in Wien überfielen. Neben Hans-Joachim Klein (»Angie«) von den »Revolutionären Zellen« und Gabriele Kröcher-Tiedemann (»Nada«) von der »Bewegung 2. Juni« waren vier weitere Mitglieder der RZ an der logistischen Vorbereitung der Aktion beteiligt. Wilfried Böse koordinierte vor Ort in Wien die gesamte

Operation. Und die RZ machten weiter von sich reden, als er und Brigitte Kuhlmann zusammen mit zwei Haddad-Getreuen ein Kommando bildeten, das am 27. Juni 1976 eine Air-France-Maschine von Tel Aviv nach Paris kurz vor der Zwischenlandung in Athen entführte. Die 257 Passagiere und die Crew wurden als Geiseln genommen. Mit ihnen sollte die Freilassung von mehr als 50 inhaftierten Genossen, auch Mitglieder RAF und der »Bewegung 2. Juni«, aus Gefängnissen in Israel, Frankreich, Deutschland und der Schweiz erpresst werden. Außerdem sollte die französische Regierung fünf Millionen US-Dollar für die Rückgabe des Flugzeuges bezahlen. Die israelischen und jüdischen Geiseln wurden durch Böse von den anderen getrennt und im Flughafengebäude festgehalten, während die übrigen Passagiere freigelassen wurden. Israel entschied sich sofort zu einer militärischen Reaktion. Am 4. Juli landeten vier Hercules-C-130-Transportflugzeuge in Entebbe, stürmten das Flughafengelände und befreiten die Geiseln. Alle vier Geiselnehmer starben im Kugelhagel. Sie wurden gemeinsam in Uganda begraben. Entebbe war nicht nur »ein ziemlicher Schlag für die Gruppe« (Schnepel), sondern die RZ zerbrachen an diesem Misserfolg. Die internationalistischen Aktivitäten waren damit beendet. Und wieder vollzog sich eine Entwicklung, die von den Diensten erst Jahre später nachvollzogen werden konnte.

Welchen Weg andere Mitglieder der RZ in der zweiten Hälfte der 70er-Jahre gegangen sind, erfuhren wir erst nach der Wende – durch die Stasi. Diese hatte sich mit allen nachrichtendienstlichen Mitteln auf die »Carlos-Gruppe« gestürzt (OV »Separat«), da diese Gruppe ihr aus dem Ruder zu laufen drohte. Carlos hatte, nachdem er im Streit mit Abu Hani aus der PFLP-SC ausgeschieden war, eine neue Organisation gegründet, der sich schon bald

Johannes Weinrich (Steve), Magdalena Kopp (Vera), Gerd Albartus (Kai), Christa Fröhlich (Heidi), Wilhelmine Götting (Tina) von den »Revolutionären Zellen« und weitere Mitglieder aus internationalen Zusammenhängen anschlossen. Magdalena Kopp, Mitglied der Frankfurter RZ, Geliebte von Johannes Weinrich und Carlos, später dessen Ehefrau, hat in ihrem Buch ausführlich über ihr »Leben an der Seite von Carlos«[75] berichtet. Die Gruppe der RZ-Mitglieder, die Anfang 1976 in Aden ankam, wurde von Wadi Haddad freundlich begrüßt. Er machte auf Magdalena Kopp einen ruhigen und besonnenen Eindruck. Jeder bekam einen arabischen Namen. Für sie hatte er sich den Namen Fatma ausgedacht. Magdalena Kopp konnte der militärischen Ausbildung nur wenig abgewinnen. Sie zog später das Fazit, »dass es Welten gab, in denen vollkommen andere Regeln gelten als in unserer und die vollkommen anders organisiert waren. Und diese anderen Welten konnten für uns einmal wichtig werden – als Rückzugsgebiete etwa oder für logistische Hilfe«.[76]

Die bereits erwähnten Akten des AA geben auch Aufschluss über die Zusammenarbeit zwischen dem Mossad und dem BfV in der Angelegenheit Schulz/Reuter und Monika Haas. Danach wurde nach der Verhaftung von Schulz und Reuter das BfV zunächst vom Mossad gebeten, »vorliegende Erkenntnisse« über beide mitzuteilen. Aus der Anfrage ging nicht hervor, in welchem Zusammenhang diese stand. Der Sachverhalt selbst wurde dem BfV erst am 18.2.1976 mitgeteilt mit der gleichzeitigen Bitte um Geheimhaltung. Die Bundesregierung wurde von der israelischen Regierung auf Anregung des BfV erst am 15.3.1977 unterrichtet. Auch der BND hatte vor dem BfV keine Kenntnis von den beiden Haftfällen in Israel. Die politische Intervention der Bundesrepublik in Sachen Reuter/Schulz/Haas führte zu einer tiefgreifenden Verstimmung zwischen der israelischen und der deutschen Regierung. Die restriktive Rolle des Mossad kann man nur verstehen, wenn man sich die ganze Dimension der Operation in Nairobi vor Augen führt. Der geplante Anschlag hätte zu einem Massaker geführt und weit über hundert Menschenleben gekostet.

Ich komme daher zu dem Ergebnis, dass die Stimmung in Sachen Terrorismusbekämpfung offensichtlich nach Nairobi einen Tiefpunkt erreichte. Dass dies dazu führte, dass der Mossad ihm vorliegende Informationen zur geplanten Entführung der »Landshut« nicht der Bundesregierung übermittelte, erscheint jedoch auch bei Berücksichtigung der tiefen Entfremdung zwischen Israel und Deutschland in dieser Phase als unglaublicher Vorgang.

IX Eine Krise ohne die deutschen Geheimdienste

Die »Offensive 77« der RAF fand ohne die Geheimdienste statt. Diese Feststellung ist auch für mich bitter. Doch die Wahrheit ist die Voraussetzung für eine dringend erforderliche Bestandsaufnahme. Was war die Ursache für die beschriebene Situation? Der von der RAF praktizierte Modus Operandi, dass ausschließlich die Illegalen für die Durchführung der terroristischen Aktionen des Jahres 1977 verantwortlich waren, bedeutete, dass in der Phase der Aktionen nur der über Informationen verfügte, der Zugang zu den Illegalen hatte. Da die Geheimdienste zu diesem Zeitpunkt weder durch menschliche noch durch technische Quellen Zugang zu den illegalen Strukturen hatten, konnten sie die Fahndungsmaßnahmen der Polizei mit eigenen Informationen nicht unterstützen. Zwar war es ihnen in fast allen Fällen gelungen zu erkennen, welche legalen RAF-Mitglieder sich der Beobachtung der Sicherheitsbehörden entzogen und den Illegalen angeschlossen hatten. Doch den Weg in die illegalen Strukturen hatten sie nicht begleiten können. Sie hatten nur die Möglichkeit, mit den klassischen nachrichtendienstlichen Mitteln wie der Observation und der Telefonüberwachung die legalen Unterstützergruppen der RAF zu beobachten. Für die aktuelle Fahndung nach den Entführern von Hanns Martin Schleyer bedeutete dies keine Hilfe. Konkret hieß dies: Die Geheimdienste mussten Politik wie Polizeibehörden bei der Bekämpfung, Vereitelung und Aufklärung aller terroristischen Aktionen des Jahres 1977 enttäuschen. Dazu gehörten:

- die Ermordung von Generalbundesanwalt Siegfried Buback und zwei seiner Begleiter am 7. April in Karlsruhe,
- die Erschießung des Vorstandssprechers der Dresdner Bank, Jürgen Ponto, am 30. Juli in Oberursel/Taunus,
- der missglückte Raketenanschlag auf das Gebäude der Bundesanwaltschaft am 25. August in Karlsruhe,
- die Entführung des Arbeitgeberpräsidenten Hanns Martin Schleyer und die Ermordung seiner vier Begleiter am 5. September in Köln,
- die Entführung der Lufthansa-Maschine »Landshut« mit 86 Passagieren und fünf Besatzungsmitgliedern auf dem Flug von Mallorca nach Frankfurt am 13. Oktober,
- die Ermordung Hanns Martin Schleyers am 18. Oktober.

Diese Aktionen waren von den Mitgliedern der RAF in der Phase der Neuorganisation im Sommer/Herbst 1976 im Jemen in ihren Grundzügen entwickelt und nach ihrer Rückkehr in die Bundesrepublik Deutschland konkretisiert worden. Auf einem »Herbst-Treffen« im Harz wurden die weitere Vorgehensweise geplant und ein konkreter Arbeitsplan erstellt. Dieser wurde anlässlich der Festnahme der RAF-Mitglieder Haag und Mayer am 30. November 1976 sichergestellt. Noch heute ist mehr als rätselhaft: Wie konnte es sein, dass eine Terrorgruppe derart leichtfertig in einer geradezu buchhalterischen Weise gleichermaßen ihr Innenleben und ihre »militärischen« Angriffsziele protokollierte und an den konkreten Planungen auch dann noch festhielt, als sie den Sicherheitsbehörden bekannt waren? Tatsache ist: Die Sicherheitsbehörden wussten spätestens seit Ende 1976, mit welchen Angriffen sie zu rechnen hatten und gegen wen sich die terroristischen Aktionen richten würden.

Die operative Schwäche der Geheimdienste hätte sich durch ein hohes Maß an analytischer Kompetenz partiell

kompensieren lassen. Einige der zentralen Arbeitshypo-
thesen, die BKA-Präsident Herold entwickelt hatte, waren
fachlich nicht zu halten. So ging Herold zum Beispiel davon
aus, dass der entführte Arbeitgeberpräsident sich möglicherweise in einer Arzt- bzw. Anwaltspraxis aufhalten
könnte. Dies konnte angesichts des Modus Operandi der
RAF nicht sein. Hier hätte der Verfassungsschutz fachliche
Bedenken anmelden müssen und nicht nur juristische, als
der Bundesinnenminister persönlich in großem Maßstab
rechtlich mehr als fragliche Telefonüberwachungen an-
ordnen wollte. Unverständlich ist auch, dass die Geheimdienste im großen Krisenstab nicht vertreten waren. Allerdings hätten die Geheimdienste es schwer gehabt, einen
kompetenten Vertreter in die Gremien zu entsenden. Dem
1977 amtierenden Verfassungsschutzpräsidenten jedenfalls fehlten alle fachlichen Voraussetzungen. Auch der zu
dieser Zeit amtierende BND-Präsident verfügte über keinerlei Erfahrung in der Terrorismusbekämpfung.

Nach der Entführung von Hanns Martin Schleyer machte
Helmut Schmidt das Kanzleramt zum Entscheidungs- und
Arbeitszentrum. Er leitete den kleinen und den großen Kri-
senstab.

Dem kleinen Krisenstab gehörten an: Bundeskanzler
Helmut Schmidt, Bundesaußenminister Hans-Dietrich Genscher, Bundesinnenminister Werner Maihofer, Bundesjus-
tizminister Hans-Jochen Vogel, Staatsminister Hans-Jürgen
Wischnewski, der Chef des Kanzleramtes, Manfred Schüler, die Staatssekretäre Siegfried Fröhlich, Günther van Well
und Heinz Ruhnau, Generalbundesanwalt Kurt Rebmann,
der Präsident des Bundeskriminalamtes Horst Herold, der
BKA-TE-Abteilungsleiter Gerhard Boeden, der Regierungs-
sprecher Klaus Bölling.

Zum großen Krisenstab gehörten außerdem die Vorsitzenden der im Bundestag vertretenen Parteien, die Fraktionsvorsitzenden und die Ministerpräsidenten der Länder, in denen die Gefangenen einsaßen, die freigepresst werden sollten. Für die Arbeit des Krisenstabs wurde ein System entwickelt, das bei allen Besprechungen eingehalten wurde. Dieses System arbeitete nach folgendem Raster:

1. Bericht zur Lage
a) Ergebnisse von Fahndungen und Ermittlungen
b) Kräftelage bei den Sicherheitsorganen
c) Justizlage
d) Auswärtige Lage
e) Medienlage
f) Stand des Nachrichtenaustauschs mit den Entführern
2. Beurteilung der Lage
3. Entscheidungen
4. Vereinbarungen über die Unterrichtung solcher Persönlichkeiten, die an den jeweiligen Lagebesprechungen nicht beteiligt waren.

Für jeden erkennbar hatte das BKA, vertreten durch Herold und Boeden, in beiden Krisenstäben eine Monopolstellung. Ihr Bild und nur ihr Bild von der RAF bestimmte die jeweilige Lageeinschätzung. Aber sie waren vorrangig »Fahnder«, die sich über politische Prozesse in der RAF keine Gedanken machten, die nicht erkannten, dass eine Flugzeugentführung für die RAF zu einem ernsten Problem werden musste, und die auch über Alternativen zur polizeilichen Lösung naturgemäß nicht nachdenken wollten.

Das Innenministerium war im Krisenstab durch Staatssekretär Fröhlich vertreten – als Zuständiger für den Bereich ÖS (Öffentliche Sicherheit). Welche fachliche Kompetenz sich im BMI entwickelt hatte, machte dreißig Jahre später der langjährige Mitarbeiter im BMI und spätere Präsident

des Bundesamtes für Verfassungsschutz, Eckart Werthebach, deutlich. Auf die Frage, wie er, der im Herbst 1977 im
Innenministerium Verantwortung getragen habe, die Ent-
scheidungssituation erlebt habe, antwortet Werthebach:
»Die Ermordung des Generalbundesanwalts Buback am
Gründonnerstag 1977 traf die Spitze des Ministeriums, aber
auch der Sicherheitsbehörden – Bundeskriminalamt und
Bundesamt für Verfassungsschutz – unvorbereitet. Offenbar hatte niemand mit einem brutalen Anschlag auf solch
einen herausragenden Repräsentanten des Staates gerechnet. Damals haben die Bundesregierung und die Sicherheitsbehörden durchaus professionell reagiert. Krisenstäbe
und Koordinationsrunden wurden auf politischer und fachlicher Ebene eingerichtet. Ich persönlich fand es sehr be-
drückend, dass es einer kleinen Zahl von Terroristen gelang,
die Regierung der Bundesrepublik Deutschland zu nötigen.
Die Regierungsgeschäfte wurden fast lahmgelegt, und der
mächtige Regierungsapparat schien mir hilflos gegenüber
einer Handvoll Terroristen. Andererseits habe ich den Mut
und die Entscheidungskraft der Krisenstäbe und der Bundesregierung sehr bewundert, den unmenschlichen Er-
pressungsversuchen der Terroristen nicht nachzugeben.«[77]
Auf die Frage, ob man aufgrund der gemachten Erfahrungen dann in den 90er-Jahren – Werthebach war zu dieser
Zeit Präsident des Bundesamtes für Verfassungsschutz –
besser vorbereitet gewesen sei, entgegnet er: »Ja, wenn-
gleich beispielsweise der Mordanschlag auf Detlev Karsten
Rohwedder am 1. April 1991 nicht verhindert wurde. Immerhin ist es 1993 in Bad Kleinen gelungen, einen Teil der
Kommandoebene der dritten RAF-Generation aufgrund von
Erkenntnissen des Verfassungsschutzes zu stellen.«

Man mag es nicht glauben, wenn man aus dem Mund
eines ehemaligen BMI-Beamten und Verfassungsschutzpräsidenten hört, die Ermordung des Generalbundesan-

walts Buback habe die Spitze des Ministeriums unvorbereitet getroffen. Jeder SPIEGEL-Leser wusste schon nach dem Interview mit den »Stammheimern« im Januar 1975, dass Generalbundesanwalt Buback von der RAF persönlich für den Tod von Holger Meins und Ulrike Meinhof verantwortlich gemacht wurde. Über dem Interview hätte auch die spätere interne Losung der RAF stehen können: Der General muss weg. Werthebach irrt ferner, wenn er meint, dass der Staat in den 90er-Jahren besser vorbereitet war als 1977. Der 27. Juni 1993 in Bad Kleinen war trotz der guten nachrichtendienstlichen Vorarbeiten ein einziges Debakel. Die Rücktritte des damaligen Innenministers, des Generalbundesanwalts und die Versetzung mehrerer Beamter sind ein eindeutiger Beleg dafür.

Über die nachrichtendienstlichen Konsequenzen, die sich aus der doppelten Niederlage von RAF und Staat im Jahre 1977 ergeben, erfährt man von dem ehemaligen Verfassungsschutzpräsidenten jedoch so gut wie nichts. Die strukturellen Schwierigkeiten der nachrichtendienstlichen Informationsbeschaffung in der Terrorismusbekämpfung sind von ihm nicht erkannt worden, von entsprechenden Lösungen ganz zu schweigen. Alles spricht dafür, dass Helmut Schmidt und der Krisenstab in Bonn sich zu keinem Zeitpunkt auf verlässliche nachrichtendienstliche Informationen stützen konnten. Dies betrifft sowohl die deutschen wie die befreundeten und die internationalen Dienste insgesamt. Helmut Schmidt ging zu Beginn der Entführung der »Landshut« davon aus, dass es Deutsche waren, die für die Entführung der Lufthansa-Maschine verantwortlich seien. In einem Telefonat mit dem britischen Premier sprach er von zwei deutschen und zwei arabischen Terroristen. Nicht auszuschließen ist allerdings, dass Schmidt aus taktischen Gründen auf die angeblichen deutschen Terroristen hinwies, um vorsorglich die Zuständigkeit der deutschen Polizei zu begründen oder auch einer möglichen arabischen Solidarität mit den mutmaßlichen arabischen Tätern vorzubeugen.

Welche Informationen lagen dem Krisenstab vor? Die Tatsache, dass Bagdad der zentrale Ort war, wo sich im September 1977 die Mehrzahl der Illegalen der RAF aufhielt, war dem Krisenstab in Bonn nicht bekannt. Die Tatsache, dass eine Deutsche die Waffen für das »Landshut«-Entführungskommando der PFLP-SC nach Mallorca verbracht hatte, war dem Krisenstab nicht bekannt. Die Tatsache, dass der Mossad eine menschliche Quelle in der PFLP-SC führte, die die Deutsche Monika Haas auf dem Weg nach Mallorca begleitete und die der Verlobte von Souhaila Sami Andrawes – einer der »Landshut«-Entführerinnen – war, war dem Krisenstab nicht bekannt. Auch die Tatsache, dass ein früheres RZ-Mitglied (»Steve«) sich zu diesem Zeitpunkt in Bagdad aufhielt, Quelle des MfS war (»Hans Schneider«) und der RAF im Namen von Wadi Haddad die palästinensische »Unterstützungsaktion« (»Landshut«-Entführung) angeboten hatte, war dem Krisenstab nicht bekannt.

Wenn sich die Situation des Jahres 1977 nicht wiederholen soll, in der die Dienste, wie dargestellt, nicht über eine Statistenrolle hinausgekommen sind, müssen die notwendigen Konsequenzen gezogen werden. So müssen die Spitzen der Geheimdienste enger an die politische Führung herangeführt werden und neben den übrigen Sicherheitsbehörden mit einer deutlich stärkeren Repräsentanz vertreten sein. Eine solche Einbindung hätte angesichts der damaligen Führungskräfte in den Diensten wenig gebracht. Heute jedoch sind die personellen Voraussetzungen insbesondere beim BND deutlich besser. Der Wissenschaftler Mathias Dahlke ist bei seinen Forschungsarbeiten[78] über die Arbeitsweise der Krisenstäbe »München 1972« und »Lorenz-Entführung« im März 1975 zu dem Ergebnis gekommen, dass insbesondere das föderative System mit eine Ursache dafür war, dass die Krisenstäbe damals selbst zum Problem wurden. Der Krisenstab des Jahres 1977 hat erkennbar durch die Berücksichtigung der föderativen Komponente nicht an Entscheidungskraft verloren. Dennoch wäre zu prüfen, welche strukturellen Anforderungen unter den Bedingungen des neuen transnationalen Terrorismus ein zukünftiger Krisenstab erfüllen muss.

X   Der Kampf um die Gefangenen

Über die Gefangenenfrage wollten wir etwas von diesem Staat vermitteln. Seinen Charakter. Seine Geschichte ... Wir wollten die Gefangenen draußen haben und stellten an diesem Punkt die Machtfrage.[79] (Stefan Wisniewski, RAF)

Wir wollten an den Gefangenen, der Frage ihrer Freilassung, die Machtfrage stellen und für uns entscheiden. Wir haben uns damit der RAF-Politik angenähert.[80] (Gabriele Rollnik, »Bewegung 2. Juni«)

Wir hielten die RAF-Politik für völlig falsch, insbesondere deren theoretische Ansätze. Nicht zuletzt deshalb wurden die RZ gegründet. Gleichzeitig gab es aber eine Basissolidarität zwischen RAF, 2. Juni und RZ. Uns verband, dass wir mit Gewalt und anderen illegalen Mitteln gegen die herrschenden Zustände vorgingen und uns im Untergrund organisierten. Wir kämpften unter Aufgabe persönlicher Ziele und setzten unser Leben und unsere Gesundheit aufs Spiel. Zu dieser Basissolidarität gehörte, daß einige RZ-Leute die Befreiung der politischen Gefangenen auch zu ihrer Sache machten. Alle sollten rausgeholt werden, RAF-Leute, »Bewegung 2. Juni« und Palästinenser. Das ließ sich jedoch nicht als kleine basisbezogene Organisation in Deutschland und mit Leuten machen, die tagsüber ganz normal arbeiten gingen. Für eine solche Aktion brauchten wir eine internationale Zusammenarbeit. Wir haben also nach Verbündeten gesucht und sind unter anderem auf die Palästinenser, genauer die PFLP und deren Ableger, die Wadi-Haddad-Gruppe, gestoßen.[81] (Gerd Schnepel, RZ)

Die hier zitierten Aussagen von Angehörigen der RAF, der »Bewegung 2. Juni« und der »Revolutionären Zellen« überraschen durch das hohe Maß an Übereinstimmung. Die drei Guerilla–Gruppen waren bewusst eigene Wege gegangen. Zwischen ihnen bestand durchaus ein Konkurrenzverhältnis. Mir war es immer sehr wichtig gewesen, gerade gegenüber der Polizei, auf die unterschiedlichen Konzepte dieser drei Gruppen hinzuweisen. Zwar gab es in der sozialrevolutionären Orientierung ein hohes Maß an Übereinstimmung zwischen der »Bewegung 2. Juni« und den »Revolutionären Zellen«, und deren Mitglieder gingen nicht selten von der einen Gruppierung zu der anderen, aber dennoch hatte jede ihre eigenen autonomen Strukturen, was für die Entwicklung zielgerichteter Fahndungsstrategien von besonderer Bedeutung war. Und die Tatsache, dass die Befreiung inhaftierter Genossen nicht nur im nationalen, sondern auch im transnationalen Terrorismus von so großer Bedeutung war, war den Sicherheitsbehörden seit dem Überfall des »Schwarzen September« auf die Israelische Olympia-Mannschaft 1972 in München bewusst. Damals hatten die Palästinenser von den Israelis die Freilassung von 200 Gefangenen gegen den Austausch von 11 israelischen Sportlern gefordert. Von diesem Zeitpunkt an gab es national wie international so gut wie keine größere terroristische Aktion, die nicht mit dem Ziel einer Gefangenenbefreiung verbunden war.

Für die Sicherheitsbehörden und die Justiz in Deutschland ergab sich Anfang der 70er-Jahre die Notwendigkeit, mit einem geeigneten Instrumentarium auf den »bewaffneten Kampf aus den Knästen« zu reagieren. Spätestens, nachdem Ulrike Meinhof den bereits zitierten Ensslin-Kassiber »Freiheit beraubt, heißt nicht Kampf aufgehört. Ist nur 'ne andere Form von an die Gewehre ...« dem Sonderermittler Klaus vom BKA übergeben hatte[82], wurde diese Haltung in weiteren Zellenzirkularen und Rundschreiben bestätigt. Das wiederum musste zwangsläufig zu einer Konfrontation zwischen dem Staat und den Gefangenen führen. Beide Seiten führten diese Auseinandersetzung bis zur letzten Konsequenz, wie sich im »Deutschen Herbst« gezeigt hatte.

Viel zu spät, nämlich Ende der 80er-Jahre, kam es auf Seiten des Verfassungsschutzes zu einem radikalen Umdenken in der Gefangenenfrage. In einem Interview[83] 1990 wies der frühere Hamburger Verfassungsschutzchef Christian Lochte mit großer Offenheit auf die negative Bilanz der bisherigen Konfrontation mit den Inhaftierten hin. Seine These: Ohne die umstrittenen Haftbedingungen würde es die RAF nicht mehr geben. Wiederum zwanzig Jahre danach sollte Lochte eine späte Bestätigung erhalten. In seinen Erinnerungen schrieb Till Meyer, dass »nicht wenige der jungen Leute aus bürgerlichem Hause, die sich mit aller Kraft für die Gefangenen einsetzten«, durch den eigenen »moralischen Rigorismus, genährt aus Prinzipien christlicher Ethik«, letztlich selbst zur Waffe »getrieben« worden seien. »Die Härte des Staates bei der Behandlung der Gefangenen sorgte über Jahre dafür, dass die Kommandos der RAF sich immer wieder auffüllten.«[84]

In der Auseinandersetzung ging es allen Beteiligten nicht nur um die grundlegende Konfrontation von RAF und Staat, sondern von Anfang an selbstverständlich auch um die konkreten Haftbedingungen. National wie international wurden die Haftbedingungen von zahlreichen Komitees und Unterstützergruppen der RAF instrumentalisiert. In den Hungerstreiks sahen die »gefangenen Revolutionäre« schon Anfang der 70er-Jahre ein geeignetes Instrument, eine Verbesserung der Haftbedingungen zu erzwingen. In den entsprechenden Erklärungen, die dem Beginn eines Hungerstreiks vorangingen, wurden in der Regel konkrete Forderungen aufgestellt, aber auch Aussagen zum Selbstverständnis getroffen. In der Hungerstreikerklärung der RAF-Gefangenen von 1977[85] fällt besonders auf, wie ausführlich gegen die »Produkte der psychologischen Kriegsführung« polemisiert wurde. Ihre Empörung in der gleichen Erklärung gegen die im Zusammenhang mit der »Traube-Affäre« vom Verfassungsschutz angezettelte Diskussion über »Angriffe auf Kernkraftwerke und den Einsatz nuklearer, chemischer und bakteriologischer Waffen« war nicht unberechtigt. Die RAF hat zu keinem Zeitpunkt »nukleare Anschläge« erwogen.

Das Jahr 1977, die doppelte Niederlage von RAF und Staat, bedeutete auch in der »Gefangenenfrage« eine Zäsur. Aber auch ich habe wiederum die veränderte Situation viel zu spät erkannt. Denn was noch im Oktober 1977, zum Zeitpunkt der Schleyer- und der Landshut-Entführung, völlig undenkbar schien, gewann schon bald deutliche Konturen. Mit dem Tod der »Stammheimer« war die Tür für eine politische Lösung langfristig aufgemacht worden. Der Einfluss der Gefangenen ging zurück und die Orientierungslosigkeit unter den Illegalen nahm zu. Eine Folge war, dass die Steuerung von Anschlägen aus den Zellen heraus nicht mehr erfolgte. Da zudem der Nachrichtenaustausch zwischen den unterschiedlichen Ebenen der RAF trotz aller staatlichen »Häftlingsüberwachung« nicht zu verhindern war, setzte sich die Erkenntnis durch, dass es letztlich im Interesse des Staates sei, das zu ermöglichen, was ohnehin unter erschwerten und illegalen Bedingungen stattfand: einen umfassenden und permanenten Austausch zwischen den Inhaftierten. Und das bedeutete die Zusammenlegung von Gefangenen zu Gruppen, in welcher Größenordnung auch immer.

Es dauerte fast ‹zehn Jahre, bis der nachrichtendienstliche, gesellschaftliche und politische Dialog mit den Gefangenen organisiert war. Anfang 1989 fuhr der damalige Staatssekretär im Justizministerium, Klaus Kinkel, zu Brigitte Mohnhaupt und Helmut Pohl nach Schwalmstadt, um ein Konzept der Zusammenlegung von Gefangenen in fünf Gruppen zu fünf Häftlingen zu besprechen. Deren Einschätzung von 1992 über das, was in den »Apparaten« des Staates in Bewegung geraten war, fasst die Gründe noch einmal zusammen, die aus RAF-Sicht die über zwanzigjährige Konfrontation mit dem Staat ausmachten: der Staatsschutz mit seinen »faschistischen Wurzeln« und der Versuch der »militärischen Zerschlagung« draußen inklusive der »weißen Folter« drinnen. Der Kinkel-Vorstoß habe »offen gemacht […], daß es Fraktionen im Apparat gibt, die begriffen haben, daß sie Widerstand und gesellschaftliche Widersprüche nicht mit polizeilich-militärischen Mitteln in den Griff kriegen […]. Natürlich haben wir weder Kinkel noch der ›Koordinierungsgruppe Terrorismusbekämpfung‹ die Wandlung zu menschlichen Motiven unterstellt. […] Aber Kinkels Äußerungen sind – wie auch immer – ein politischer Ausdruck dieser Widersprüche, die lange herangereift sind. Das ist deshalb besonders bemerkenswert, weil es ein Apparat ist, der ein sehr starkes Beharrungsvermögen hat: der Staatsschutzkomplex mit seinen faschistischen Wurzeln, seiner relativen Selbständigkeit, der zusammen mit den Medien eine Selbstlegitimationsmaschine bildet. Obwohl schon lange an den Fakten evident ist, daß sie die RAF wie auch die Gefangenen nicht kaputt kriegen, haben sie das über Jahre fortgesetzt ...«[86]

Der »Ausnahmezustand von 22 Jahren« – das war das Weltbild der RAF, das sich erst allmählich durch ganz andere Bewegungen und Entwicklungen überrollt sah. Das neue Denken in der Gefangenenfrage war zwar von Christian Lochte öffentlich gemacht und von Kinkel auf die politische Bühne gehoben, aber im BfV in Zusammenarbeit mit dem Generalbundesanwalt konzeptionell entwickelt worden. Lange Zeit hatte der Verfassungsschutz sich darauf beschränkt, die Informationen aus den Protokollen der Häftlingsüberwachung auszuwerten und nach »operativen Ansätzen« zu überprüfen. Auf die konkreten Haftbedingungen hatte er nie Einfluss.

XI   Das Ministerium für Staatssicherheit und der Terrorismus

»Die Spur führt zur Stasi.«[87] Zu diesem Urteil gelangte die Tochter des 1977 ermordeten Vorstandsvorsitzenden der Dresdner Bank Jürgen Ponto, Corinna Ponto, in dem gemeinsam mit der Schwester von Susanne Albrecht geschriebenen Buch, nachdem sie sich über Monate in die Akten der ehemaligen Hauptabteilung XXII des MfS vertieft hatte. Man spürt geradezu die Beklemmung und Verachtung, die sie bei ihren Recherchen empfunden hat. Trotzdem: Ich teile ihre Einschätzung nicht. Es war nicht »der Osten«, wie Corinna Ponto ihre Mutter sagen lässt, sondern es war die RAF, die die Verantwortung für Aktionen hat, die mit ihrem Namen verbunden sind und zu denen sie sich bekannt hat. Dies gilt auch für die bis heute unaufgeklärten Morde der dritten RAF-Generation. Auch Ina Beckurts, die Witwe des von der RAF ermordeten Siemens-Managers Karl Heinz Beckurts, äußerte in einem Gespräch mit der ›Süddeutschen Zeitung‹ mit Bezug auf dieses Buch, sie habe geahnt, »dass die Stasi in die RAF-Attentate involviert gewesen ist«. Für ihre Überzeugung führt sie an, dass der Telefonanschluss in Straßlach, ihrem Wohnort, von der Stasi abgehört worden sei, dass »informelle Mitarbeiter« wussten, wann und mit wem sie zum Tennisspielen verabredet war. Bereits eineinhalb Jahre vor dem Anschlag auf ihren Mann habe ein IM mitgeteilt, ihr Mann unterhalte »aufgrund seiner geschäftlichen Aktivitäten und seiner wissenschaftlichen Forschungstätigkeiten umfangreiche und operativ bedeutsame Kontakte zu einflussreichen Politikern und leitenden Wirtschaftsvertretern der BRD und der Vereinigten Staaten von Amerika«. Beckurts war, allein durch seine Zugehörigkeit zur Finanz-Elite und seine Verbindungen in die Politik, für das MfS von großem operativem Interesse. Dies hatte zur Folge, dass er, wie auch Alfred Herrhausen und viele andere Angehörige der ökonomischen und politischen Klasse, allein aus diesem Grund mit unterschiedlichsten Überwachungsmaßnahmen der Stasi überzogen wurde. Ina Beckurts' Einschätzung trifft insoweit zu, als die Stasi zu Beginn der 80er-Jahre die Kommandoebene der RAF von Sprengstoffexperten und Waffenspezialisten über Wochen hinweg ausbilden ließ. Von diesem Zeitpunkt an stand nicht mehr die Terrorismusabwehr im Vordergrund, auch nicht mehr die generelle Destabilisierungs-Strategie, sondern eine massive logistische Unterstützung terroristischer Planungen und Aktionen, die niemand für möglich gehalten hatte.

Im Frühjahr 1990 wurde mir mitgeteilt, ein ehemaliger Stasi-General sei auf dem Weg ins BfV und stehe als Gesprächspartner zur Verfügung. Für die Abteilung Terrorismus sollte ich mit ihm ein erstes Kooperationsgespräch führen. Die einzige Auflage, die ich erhielt, war, dass ich nicht über Politik reden dürfe. Was ich natürlich tat, obwohl die Situation mir eigentlich gespenstisch genug schien. Ich habe sehr gut in Erinnerung, dass mein Gesprächspartner von sich aus jeden Hinweis vermied, der die systematische und enge Kooperation des MfS nicht nur mit dem linken Terrorismus und zahlreichen internationalen Terrorgruppen, sondern auch mit führenden Rechtsterroristen offenlegte. Über die Gesamtstrategie der Abteilung XXII erfuhr ich in diesem Gespräch nichts. Ursprünglich war sie angeblich eingerichtet worden zur »Abwehr, Kontrolle und Bearbeitung terroristischer Gefahren«. Doch in Wirklichkeit duldete und unterstützte sie, zunächst als Arbeitsgruppe organisiert, später als Abteilung, den nationalen wie internationalen Terrorismus. Mein Gesprächspartner wies stattdessen auf die besonders erfolgreiche Arbeit der Funkaufklärung der HA III des MfS hin. Nicht zu Unrecht. Denn diese Abteilung erwies sich als die wichtigste Informationsquelle für die DDR, nicht nur für den Bereich der Terrorismusabwehr. Dies erfuhr ich eines Tages persönlich. Mir wurde angedeutet, dass ich offensichtlich eine außergewöhnlich intensive »Arbeitsbeziehung« zu dem Leiter eines Landesamtes für Verfassungsschutz gehabt hätte. Einem süddeutschen Landesamt waren entsprechende Stasi-Unterlagen zugegangen.

Gleichzeitig mit dem Besuch des Ex-Stasi-Generals erreichten meine Mitarbeiter und mich die ersten Aktenberge des MfS. Wir zogen uns in einen Sonderraum zurück, nicht ohne kritische Begleitung der übrigen Kollegen. Da der Anfang der 90er-Jahre amtierende Präsident Gerhard Boeden vorrangig in Kategorien der Fahndung dachte, erhielten wir den Auftrag, zunächst zu prüfen, ob es in den Akten Hinweise auf die mit Haftbefehl gesuchten RAF-Mitglieder gebe. Das Ergebnis war negativ. Wenig später, als im Juni 1990 die ersten »Aussteiger« der RAF in der DDR festgenommen wurden, wussten wir, dass dem BfV nur ein gefilterter und stark reduzierter Aktenbestand übermittelt worden war. So gelang es dem MfS, das BfV zunächst über das wahre Maß der Verstrickung in den nationalen und internationalen Terrorismus zu täuschen. Insbesondere die RAF-Operativvorgänge, so nannte die Stasi die Akten, »Stern 1« und »Stern 2« enthielten offensichtlich nur noch einen Rest des ursprünglichen Bestandes. Ganze Aktenteile waren rechtzeitig von den Mitarbeitern der Abt. XXII ausgesondert und vernichtet worden.[88] Dies hatten die »Betreuer« »Helmut«, »Gerd«, »Günther«, »Hans« und »Kurt« Ende 1989 beteuert, als sie das letzte Mal die in der DDR untergetauchten Silke

Maier-Witt, Susanne Albrecht und die anderen Aussteiger besuchten. Sie sagten ihnen bei dieser Gelegenheit, dass sie jetzt nichts mehr für ihre »Schützlinge« tun könnten. Als kleinen Trost versicherten die »Betreuer« jedoch, dass sie dafür gesorgt hätten, dass die Ex-Terroristen in der DDR keine Spuren hinterlassen würden.

So enttäuschend die ersten Recherchen hinsichtlich der mit Haftbefehl gesuchten RAF-Mitglieder waren – was die Stasi zum internationalen Terrorismus zusammengetragen hatte, übertraf unsere Vorstellungen bei Weitem. Wir wollten es nicht glauben, dass insbesondere die Carlos-Gruppe über viele Jahre in Ostberlin nicht nur geduldet und kontrolliert worden war, sondern dass die Gruppe mit Unterstützung der Stasi von Ostberlin aus 1983 den Anschlag auf das französische Kulturzentrum »Maison de France« im Westteil der Stadt geplant und durchgeführt hatte. Wenn der damals verantwortliche Stasi-Referatsleiter, Helmut Voigt, noch 1990 – nicht ohne Stolz – darauf hinwies, dass »die Staatssicherheit den internationalen Terrorismus voll im Griff gehabt«[89] habe, so vergaß er hinzuzufügen, dass sie jenen nachweislich unterstützt hatte und er selbst die Verantwortung für diesen schweren Anschlag in Westberlin trug. Dieser Verantwortung entzog sich Voigt durch Flucht nach Griechenland, aber die Zielfahnder des BKA konnten sich an die Fersen der Ehefrau von Voigt heften – mit Erfolg.[90]

Ich gewann schon bald den Eindruck, der sich immer weiter verfestigte, dass nicht nur durch die bundesdeutschen Sicherheitsbehörden, sondern gleichermaßen parallel durch die Stasi eine Doppelbearbeitung nachrichtendienstlicher »Beobachtungsobjekte« in der Bundesrepublik stattgefunden hatte. Allerdings mit dem erheblichen Unterschied, dass die Stasi einen umfassenden Überblick über die polizeilichen und nachrichtendienstlichen Erkenntnisse der »westdeutschen Sicherheitsorgane« hatte gewinnen können, während umgekehrt die von der Stasi gewonnenen Informationen den bundesdeutschen Behörden erst nach der Wende bekannt wurden. Die Stasi hatte also Zugriff auf alle polizeilichen Informationssysteme und Dateien. So konnten auch alle Informationen, die beim BKA über die zur Fahndung ausgeschriebenen Personen angefallen waren, alle Reisebewegungen von PB-07- bzw. BEFA-7-Personen, alle Informationen, die bei den Grenzkontrollen gewonnen wurden, von der Stasi abgeschöpft werden. Darüber hinaus war die Funkaufklärung ein verlässliches Instrument für die Stasi. Zu meiner Überraschung hatte die HA XXII auf diesem Wege auch den »Werbungsvorgang« Verena Becker als Informantin für das BfV Anfang der 60er-Jahre wahrgenommen. Die HA III hatte den Observationsfunk des BfV im Zusammenhang mit dem Transport von Verena Becker aus der JVA Köln–Ossendorf abgehört, und die Stasi war so Zeuge für diesen heute noch umstrittenen Vorgang.

Die HA III wurde auch von anderen Abteilungen des MfS eingesetzt. Insbesondere die Abteilung X, »Aktive Maßnahmen«, deren Aufgabe es war, Desinformationsstrategien für das »Operationsgebiet der BRD« zu entwickeln, nutzte die Informationen der HA III, um »im Westen Politik zu machen«[91]. Besonderes Aufsehen erregten zum Zeitpunkt des Bekanntwerdens die von der Stasi manipulierten Gespräche zwischen Bundeskanzler Helmut Kohl und CDU-Generalsekretär Kurt Biedenkopf und auch zwischen Strauß und dem Chefredakteur des ›Bayern-Kurier‹, Wilfried Scharnagl.

Als im Juni 1990 nacheinander zehn mit Haftbefehl gesuchte RAF-Mitglieder in der ehemaligen DDR festgenommen wurden, war nicht nur die Öffentlichkeit überrascht, sondern auch in den Sicherheitsbehörden war das Erstaunen groß. Zu den Überraschten gehörte auch ich. In der

Öffentlichkeit wurden zu Recht schon bald Fragen gestellt: Warum hatten die Geheimdienste keine Kenntnis von der »Aussteigergruppe« der RAF? Hatten sie nicht doch Informationen über ihren Aufenthalt gehabt? Waren diese wirklich »ausgestiegen«, hatte die Stasi sie »instrumentalisiert«, möglicherweise zu IMs gemacht?

Mitte der 80er-Jahre hatten wir vom BKA die ersten Hinweise erhalten, dass sich einige der mit Haftbefehl gesuchten RAF-Mitglieder in der damaligen DDR aufhalten könnten. In zahlreichen Veröffentlichungen[92] sind mittlerweile die zuerst bekannt gewordenen »Verdachtsfälle«, Inge Viett, Silke Maier-Witt und Susanne Albrecht, ausführlich dargestellt worden. Ich selbst habe mich im Jahr 1985 anlässlich der ersten Hinweise gefragt, welche ideologischen, politischen und kulturellen Gemeinsamkeiten die Führung der DDR und die RAF wohl haben könnten. Ich muss gestehen, dass ich insbesondere hinsichtlich der beiden völlig unterschiedlichen »Mentalitäten« zu einer Einschätzung kam, wie sie von Helmut Pohl später in einem Interview[93] formuliert wurde: »Mit dem realen Sozialismus hatten wir nichts am Hut. Das Aufgesetzte, Formelhafte – da gab es Reibungen an allen Enden und Ecken. Wir waren wahrscheinlich für sie manchmal so unerträglich wie sie für uns.« Völlig unglaubwürdig waren hingegen die Einlassungen des ehemaligen Stasi-Generals Gerhard Neiber, der noch im April 1979 Lenin zitierte: »Uns allen ist bekannt, daß der Terrorismus als Kampfform zur Verfolgung politischer Ziele dem Marxismus-Leninismus zutiefst wesensfremd ist«.[94] Die Wahrheit ist, dass im gleichen Jahr die Entscheidung fiel, »die Beziehungen mit Kräften, die den bewaffneten Kampf führen«, massiv aufzubauen.

Stark beeinflusst wurde ich auch von Meldungen des BND, die immer wieder zum Inhalt hatten, dass Susanne

Albrecht als »Sekretärin« im Büro des PFLP-Vorsitzenden George Habash in Beirut tätig sei und auch der ehemalige Rechtsanwalt Jörg Lang, der sich 1974 der Beobachtung der Sicherheitsbehörden entzogen hatte, sich in palästinensischen Zusammenhängen im Libanon bewege. Der BND hatte nicht erkannt, dass die Stasi ihrem »Auftrag: Irreführung« voll gerecht geworden war. Er hatte durch seine Meldungen nicht nur die Beamten des BKA zur Verzweiflung gebracht, als er deren Bemühungen um die Identifizierung der erkannten RAF-Mitglieder in der DDR weitgehend ignorierte (»Zurückliegend hat der BND kein brauchbares Ergebnis gebracht. Es wurden vielmehr die Ermittlungsmaßnahmen um ca. neun Monate verzögert«[95]), sondern auch noch zur Desinformation der Sicherheitsbehörden beigetragen. Der BND stand Ermittlungsvorgängen außerhalb des Spionagebereichs offensichtlich völlig hilflos gegenüber. So ist es nur konsequent, dass der BND auch über den Aufenthalt der Illegalen der RAF in der DDR zwischen 1980 und 1985 und die dort praktizierte logistische Unterstützung keine Informationen hatte. Dass auch die höchst effizient arbeitende Funk- und Lauschtechnologie des BND nicht einmal »Randerkenntnisse« lieferte, ist gleichermaßen verwunderlich.

Nicht nur die Sicherheitsbehörden, sondern auch die Aussteiger der RAF waren völlig überrascht, als sie im Juni 1980 während eines Aufenthaltes in Prag erfuhren, dass ihre neue Heimat nicht Angola oder Mosambik sein würde, sondern die DDR. Diesen Vorschlag hatten Mitarbeiter der Stasi an ihre »IM Maria«, Inge Viett, herangetragen, und die RAF hatte dem Vorschlag zugestimmt. Darauf waren die übrigen Aussteiger nicht vorbereitet, und noch Jahre später fragte Susanne Albrecht ihre Betreuer, warum die DDR das alles für sie tue. Auch diese hatten keine überzeugenden Erklärungen. »Helmut« erklärte einmal süffisant, es wäre gut, wenn die DDR Kräfte hätte, die sich in der BRD auskennen, wenn dort die Revolution ausbrechen würde.[96]

Den Diensten in der Bundesrepublik war es nicht gelungen, in den drei wichtigsten Terrorgruppen eine menschliche Quelle zu platzieren. Umso überraschter war ich, als ich bei Durchsicht schon der ersten Aktenbände der HA XXII feststellte, wie gut die nachrichtendienstliche Zugangslage der Stasi war: Die der »Bewegung 2. Juni« angehörige Inge Viett war offensichtlich – als IM Maria – aus tiefer politischer Überzeugung spätestens seit 1978 eine zuverlässige Informantin der Stasi. Verwundert war ich auch über die Tatsache, dass das ehemalige RZ-Mitglied Johannes Weinrich als »Hans Schneider« nicht nur ständiger Gast in Ostberlin, sondern mindestens bis 1984 auch »Gesprächspartner« (IM) des Stasi-Referatsleiters Helmut Voigt war. Ich war verblüfft über die Decknamen »Beate Schäfer« und IM »Taler«. Dahinter verbargen sich Brigitte Heinrich, die spätere Europa-Abgeordnete der Grünen, und Klaus Croissant, der Verteidiger von Andreas Baader. Zahlreiche Informationen über die »Basisbewegungen in der BRD« erhielt das MfS auch von IM »Willi Waldoff«: Till Meyer. Von ihm wollte die Stasi vor allem qualifizierte Analysen über die autonome Szene in Westberlin und in der BRD. Auch ihn spickte sie mit Desinformationen über den Aufenthalt der RAF-Aussteigergruppe: »Die sind doch alle im Nahen Osten, Libanon und Damaskus. Das kannste ruhig weitergeben.«[97]

Ich kann nachvollziehen, wenn nicht wenige Leser über meine »nachrichtendienstliche Naivität« erstaunt sind. Ich selbst bin zu dem Ergebnis gekommen, dass ich häufig zu politisch und zu wenig nachrichtendienstlich gedacht habe. Dies gilt insbesondere für das Ausmaß der IM-Tätigkeit im linken Lager. Dass es zu Beginn der 80er-Jahre auch zwischen vierzig und fünfzig »Inoffizielle Mitarbeiter«

im rechtsextremistischen/rechtsterroristischen Bereich gegeben hat, rundet das Bild ab. Ein führender Neonazi wie Odfried Hepp als inoffizieller Mitarbeiter im Dienst der Stasi, das war kaum vorstellbar.

Dennoch kam ich zu dem Ergebnis und sehe das immer noch so, dass die Stasi trotz der geschilderten guten Zugangslage nicht über die konkreten terroristischen Aktionen der RAF informiert war. Weder im »Deutschen Herbst« noch in späteren Jahren. Auch sie hatte keine Quelle im Kommandobereich der RAF platzieren können, sondern vielmehr selbst Angst vor einer möglichen Infiltration der RAF. Denn dadurch hätte nicht nur das bestgehütete Staatsgeheimnis der DDR jederzeit verraten werden können, sondern auch die gesamte Unterstützungs- und Destabilisierungsstrategie der Stasi.

XII Der linke und der islamistische Terrorismus

Im Vorfeld des 10. Jahrestages von »9/11« wieder-
holte sich etwas, was ich auf dem Höhepunkt des linken
Terrorismus immer wieder erlebt hatte. In einer BKA-
»Gefährdungsanalyse islamistischer Terrorismus zum
11. September 2011« wurde ausgeführt, dass es angeblich ernst zu nehmende Überlegungen des Netzwerkes
Al-Qaida gebe, wonach unter anderem möglichst zum
10. Jahrestag der Attentate vom 11. September 2001 Anschläge gegen US-amerikanische Interessen wünschens-
wert seien. Wer jedoch genauer hinsieht, stellt fest, dass
den Sicherheitsbehörden keinerlei konkrete Informationen
vorlagen, die eine erhöhte Gefährdungslage im zeitlichen
Zusammenhang mit dem 11. September hätten begründen
können. Nach der Tötung von Osama Bin Laden und der Er-
nennung des Ägypters Aiman al-Sawahiri zu seinem Nachfolger könnte Al-Qaida verstärkt bestrebt sein, so wurde
vom BKA festgestellt, »den Tatzeitpunkt eventuell bereits
laufender terroristischer Planungen auf den 11. September
zu terminieren«. Damit könnte Al-Qaida versuchen, »eigene
Handlungsfähigkeit zu demonstrieren und ein solches An-
schlagsereignis als Rache für die Tötung Bin Ladens zu in-
szenieren«. Ähnliche Warnungen hatte es schon vorher im
Zusammenhang mit symbolhaften Ereignissen gegeben.
Sie machen deutlich, dass dem BKA zwei Wesensmerk-
male, die dem linken und dem islamistischen Terrorismus
gemeinsam sind, nicht bewusst waren: Es handelt sich um
Langfristigkeit und Planungstreue.

Was den »Rachegedanken« angeht, so kann man sich

mit der Frage beschäftigen, ob möglicherweise Einzeltäter im Zusammenhang mit solchen symbolischen Anlässen verstärkt zu einer »Eigeninitiative« neigen. Aber es war im linken und ist im islamistischen Terrorismus keine Kategorie, »Handlungsfähigkeit« zu demonstrieren. Dies gilt damals wie heute mit Sicherheit für die Kernbereiche von Al-Qaida. Ich teile die Ansicht von Ernst Uhrlau, von 2005 bis 2011 Präsident des Bundesnachrichtendienstes: »In der Vergangenheit hat sich die Gruppe nicht an Terminen orientiert, um symbolisch einen Anschlag zu begehen. Ich erwarte in der nächsten Zeit Anschläge, die vielleicht auch sonst gekommen wären, die aber einen zusätzlichen Bezug zu Osama Bin Ladens Tod haben«.[98]

Langfristigkeit und Planungstreue sind zwei Kategorien, die von Al-Qaida bei der Vorbereitung des Anschlags auf das World Trade Center in geradezu idealtypischer Weise angewendet wurden. Schon 1991 gab es die ersten Planungen und Vorbereitungen für ein Attentat. Als der erste Anschlagsversuch im Jahr 1993 hinter den Erwartungen der »Organisation« weit zurückblieb, führte das nicht etwa zur Aufgabe des Projekts, sondern im Gegenteil zu verstärkten Bemühungen.

Für den linken Terrorismus war die »Berechenbarkeit« ein weiteres typisches Merkmal. Alle drei Terrorgruppen – RAF, »Bewegung 2. Juni« und »Revolutionäre Zellen« – formulierten in Grundsatzerklärungen, Bekennerbriefen und Veröffentlichungen ihrer Unterstützergruppen ihre Angriffsziele. Wenn die RAF erklärte, »Rebmann interessiert uns nicht und Späth schon gar nicht«[99], war dies glaubhaft. Der älteste Sohn von Helmut Kohl berichtet bei seinen öffentlichen Auftritten von den Belastungen, denen die Familie Kohl durch die angebliche Gefährdung durch die RAF in den 70er-Jahren ausgesetzt gewesen sei. Doch die RAF hat sich nie für die Familie Kohl interessiert. Im Unterschied zu Helmut Schmidt, den die RAF noch 1980 in Hamburg auscheckte, lag bei Helmut Kohl immer nur eine abstrakte Positionsgefährdung vor. Für seine Frau Hannelore Kohl und erst recht für die Kinder bestand nie eine Gefährdung. Die Angriffsziele der deutschen Terrorgruppen wechselten immer wieder, insbesondere auch die Prioritäten: Zunächst waren es bei der RAF die Angriffe gegen die Zentren, Basen und Strategen des »US-Imperialismus«, dann die Angriffe gegen das multinationale Kapital und die Vertreter des »militärisch-industriellen Komplexes« (MIK) und schließlich die »Angriffe gegen die Repräsentanten des ›Repressions-apparates‹«. Dass die »Bewegung 2. Juni« ernsthaft Über-legungen anstellte, den Papst als Geisel zu nehmen, um die Freilassung ihrer Gefangenen zu erpressen, gehört eher zu den »spontanistischen« Besonderheiten dieser Gruppe als zu den langfristigen Zielen. Die »Revolutionären Zellen« versuchten mit ihren Aktionen immer, sich an ihren sozial-revolutionären Zielen zu orientieren, obwohl es auch hier zu Abweichungen kam. Dazu gehört vor allem der bis heute nicht aufgeklärte Mord an dem ehemaligen hessischen Wirtschaftsminister Heinz-Herbert Karry 1981, zu dem sie sich bekannt haben.

Der zentrale Unterschied zwischen Al-Qaida und dem lin-ken Terrorismus liegt darin, dass der linke Terrorismus seine Anschläge vorrangig auf die ökonomischen, militärischen, politischen und justiziellen Repräsentanten ausrichtete. Zwar richteten sich insbesondere die brutalsten Aktionen der RAF auch immer wieder, entgegen aller Ideologie, gegen die Bevölkerung. Dennoch lassen sich die Angriffs-ziele von linkem und islamistischem Terrorismus nicht ver-gleichen. Das Spektrum bei Al-Qaida ist sehr viel breiter als beim nationalen Terrorismus. Die Ziele von Al-Qaida waren vorrangig symbolträchtige Objekte, und ein signifikanter

Prioritätenwechsel ist bis jetzt nicht zu erkennen. Der Leiter des militärischen Komitees von Al-Qaida, Chalid Scheich Mohammed (KSM), soll seinen Bewachern in Guantanamo zu »9/11« gesagt haben, dass insgesamt zehn Flugzeuge entführt werden sollten. Zusätzlich zu den tatsächlich zerstörten Zielen hatte »KSM« auch Angriffe auf die Hauptquartiere von FBI und CIA, auf Atomkraftwerke und Wolkenkratzer in Los Angeles und Seattle geplant. Das zehnte Flugzeug wollte »KSM« selbst auf einem amerikanischen Flughafen landen, nachdem er vorher alle männlichen Passagiere eigenhändig getötet hatte. Noch auf dem Rollfeld wollte er die Medien zu einer Pressekonferenz bitten.[100] Selbst wenn man glaubt, dass »KSM« mit seinen Aussagen eher die amerikanischen Agenten beeindrucken wollte, muss man im Fall von »Kern-Al-Qaida« davon ausgehen, dass auch Atomkraftwerke ein realistisches Ziel sind.[101] Die RAF dagegen hatte stets zu Recht jede ihr unterstellte Nähe zum »Nuklearterrorismus« zurückgewiesen.

Dass die Angriffsziele von Kern-Al-Qaida weit über die Ziele des linken Terrorismus hinausgehen, machen zahlreiche aktuelle Veröffentlichungen in Deutschland deutlich.[102] Auf die langfristigen ökonomischen Auswirkungen weist der Wirtschaftsjournalist Ulrich Schäfer hin, wenn er in seiner Analyse zu dem Ergebnis kommt, »dass der Al-Qaida-Terror unsere Wirtschaft verändert und der Kampf um Rohstoffe und Ressourcen sich dadurch verschärft. Die islamistischen Terroristen wollen nicht bloß Menschen töten, sondern unseren Wohlstand zerstören«. Der Wissenschaftler Bernd Greiner untersucht in seinem Buch ›9/11. Der Tag, die Angst, die Folgen‹, gestützt auf neues Archivmaterial, die Ereignisse von »Nine Eleven« und verweist insbesondere auf die politischen und gesellschaftlichen Auswirkungen. Und er warnt: Der »Krieg gegen den Terror«, so sein Fazit, »beschädigt die demokratischen Fundamente der westlichen Gesellschaften und die Kriege im Irak und Afghanistan stärken eher, als dass sie Al-Qaida schwächen.«[103]

Der Übergang vom nationalen zum transnationalen Terrorismus ist in seinen Konsequenzen beispiellos. Einem Gegner, der zugleich Organisation, Netzwerk, Bewegung und Ideologie ist, können nur international vernetzte Nachrichtendienste und Sicherheitsbehörden begegnen. Vieles deutet darauf hin, dass insbesondere der BND in der internationalen nachrichtendienstlichen Kooperation inzwischen erhebliche Fortschritte gemacht hat. Die stärkere internationale Orientierung und Kooperation kann sich allerdings in der einen wie in der anderen Hinsicht auswirken. Das zeigen die Vorgänge um die Quelle »Curveball« des BND. Diese Quelle lieferte Informationen über das Waffenprogramm von Diktator Saddam Hussein. Aber in wesentlichen Punkten, wie der angeblichen Existenz von rollenden Biowaffenlaboren und einem Giftunfall, sagte der Informant nicht die Wahrheit. Der BND hatte die amerikanischen Sicherheitsbehörden darauf hingewiesen, dass es sich bei der zentralen Aussage von »Curveball« um »eine nicht bestätigte Einzelinformation« handelte. Doch den Amerikanern kamen diese Aussagen gerade recht, um 2003 ihren Einmarsch in den Irak zu rechtfertigen und zu begründen. Das wäre sonst schwerlich gelungen.

Der Vizepräsident des Hamburger Verfassungsschutzes gab zu, dass seine Behörde Mohammed Atta und seine Gruppe nachrichtendienstlich nicht erfasst hatte. Dem Landesamt war entgangen, dass die Anschläge vom 11.9.2001 ihren Ausgangspunkt in der Hamburger Marienstraße hatten. Drei der vier Terrorpiloten hatten lange in Deutschland gelebt und hier studiert. Die späteren Ermittlungsergebnisse zeichnen ein beklemmendes Bild von der Hamburger Gruppe, insbesondere von Atta. Er war

der Anführer. Sein Wort hatte Gewicht und seine Befehle
wurden befolgt. »Charismatisch war er, willensstark, gebildet und hochmoralisch, ein Denker eben, kein Gefühls-
mensch ... Er weinte nicht, er lachte nicht. Er war ein aske-
tischer Terrorist. Denn er hasste. Atta wünschte sich einen
Gottesstaat vom Nil bis zum Euphrat, frei von Juden, und
sein Befreiungskrieg musste in New York beginnen«. In seinem Testament (1996) befiehlt er, »Frauen sollten weder
bei der Beerdigung zugegen sein noch irgendwann später
sich an seinem Grab einfinden«[104].

Wie der Hamburger Verfassungsschutz waren damals
auch alle anderen Sicherheitsbehörden in keiner Weise auf
das Phänomen des islamistischen Terrorismus vorbereitet.
Aber inzwischen ist es vor allem durch das Zusammen-
wirken internationaler und nationaler Geheimdienste und
Polizeibehörden zu ersten Erfolgen gekommen. So konnten
unter Beteiligung des Verfassungsschutzes vom Bundeskriminalamt im Fall der »Sauerlandgruppe« und insbesondere
der »Düsseldorfer Al-Qaida-Zelle« Anschlagsplanungen
frühzeitig erkannt und ihre Umsetzung verhindert werden.
Die Mitglieder dieser Zelle in Deutschland hatten einen An-
schlagsbefehl direkt von der Al-Qaida-Führung in Pakistan
erhalten. Ein Anrufer aus Pakistan hatte Polizei und Verfassungsschutz darüber informiert und die Überwachungsmaßnahmen des BKA ausgelöst. Sechs Monate hatte das
BKA drei mutmaßliche Al-Qaida-Mitglieder in Düsseldorf
beobachtet. Der Zugriff war gemeinsam mit dem Generalbundesanwalt beschlossen worden, als der mutmaßliche
Anführer immer zielgerichteter im Internet nach Bauteilen
zur Fernzündung und nach Bombenbauanleitungen recher-
chierte. Zudem nahm er zu einem hochrangigen Al-Qaida-
Mitglied in Pakistan Kontakt auf. Die Beamten hörten im
Küchenbereich einer Wohnung in Düsseldorf am 26. April
wörtlich mit. »Bombe ist nicht so schwer, aber Zünder«

und »Dieser Zünder, wenn explodiert, ist ein Feuerkopf, und dann gibt es die große Kraft«. Als dann auch noch die Anschläge von Marrakesch von den Verdächtigen bejubelt wurden, schritten die Beamten ein.[105]

Ein solcher Ermittlungserfolg sollte auch den liberalen Kritiker Heribert Prantl überzeugen, wenn er auf die angeblich bisher wenig effektive, hier jedoch sehr erfolgreiche akustische Raumüberwachung hinweist und dafür den SPIEGEL zitiert: »Ab 1 Uhr hört man nur noch Stöhnen«.[106] Prantl hält die staatliche Reaktion mit ihren 24 Sicherheitsgesetzen für einen Irrweg. Die Verabschiedung durch den Deutschen Bundestag am 21. Dezember 2001 geißelte er mit den Worten: »Dieser Tag markiert, mit einer Kaskade von Sicherheitsgesetzen, die Gründung eines neuen Staatstypus – des Präventionsstaates, der seine Bürger, um Sicherheitsrisiken zu minimieren, massiven Misstrauens- und Überwachungsmaßnahmen aussetzt, die auf keinem konkreten Verdacht beruhen. Es handelt sich um die Entrechtung des bisher gewohnten Rechts, die sich aber schon seit den RAF-Zeiten angekündigt hat.«[107]

Bei allem Respekt für Person und Position: Ich denke, dass inzwischen der Zeitpunkt gekommen ist, den traditionellen Konflikt zwischen klassischer Sicherheitspolitik einerseits und bürgerrechtlicher Rechtsstaatspolitik aufzuheben. Ich selbst bin schon seit Längerem der Auffassung, dass rechtlich problematische Aktionen der Geheimdienste auch nachrichtendienstlich wenig erfolgreich waren. In diesem Sinn erscheint mir also eine Auflösung des traditionellen Spannungsverhältnisses von Freiheit und Sicherheit möglich.

Vor ganz neue Herausforderungen wurden die Sicherheitsbehörden durch die intensive Nutzung des Internets durch die Islamisten gestellt. Die sozialen Netzwerke wie Facebook und You Tube haben sich inzwischen zu wichtigen Plattformen für die Verbreitung von Propaganda entwickelt und sind Katalysatoren für Radikalisierungsprozesse Einzelner geworden. Einzelpersonen nutzen verstärkt die Möglichkeit, sich in den Chatrooms mit Gleichgesinnten auszutauschen. Islamistische Propaganda hat in den vergangenen Jahren an Qualität gewonnen. Dies gilt insbesondere für die Übersetzung von Terrorvideos, Ideologie und Bombenbauanleitungen in westliche Sprachen. Im Internet ist so die Gewaltideologie Dschihadismus als ein Baukastensystem global für jedermann jederzeit zugänglich(BfV-Vizepräsident Dr. Eisvogel). In diesem Sinn ist auch der Anschlag des Deutsch-Kosovaren Arid Uka zu sehen, der sich über Facebook- und durch YouTube-Videos radikalisiert hatte und im März 2012 am Frankfurter Flughafen zwei US-Soldaten erschoss. An die Stelle realer Netzwerkstrukturen treten immer stärker digitale. Ob der individuelle Dschihadist in Zukunft das vorrangige Täterbild ist, bleibt abzuwarten. Aber die digitale und die reale Welt können von den Sicherheitsbehörden nicht mehr getrennt wahrgenommen werden.

XIII   Das Netzwerk »Nationalsozialistischer Untergrund« (NSU)

Der linke und islamistische Terrorismus stellten den Verfassungsschutz vor große Herausforderungen. In der Phase ihrer jeweiligen Entstehung war und konnte dieser nicht ausreichend vorbereitet sein. Ganz anders stellt sich die Situation für das rechtsextremistische Spektrum dar. Hier hatte der Verfassungsschutz von Beginn an gleichsam eine »Kompetenz-Kompetenz«. Schon unmittelbar nach seiner Gründung im Jahr 1950 waren »Rechtsextremistische Bestrebungen« der Schwerpunkt seiner Tätigkeit. Umso unverständlicher ist sein Versagen 60 Jahre später. In keinem anderen Beobachtungsfeld hätte sich so viel Erfahrung und Kompetenz so umfassend herausbilden können. Stattdessen wurde ein Ausmaß an analytischen und operativen Defiziten sichtbar, die nicht erklärbar sind.

Wer die ersten Reaktionen aus der Politik und den Sicherheitsbehörden auf das Bekanntwerden des »Nationalsozialistischen Untergrunds« (NSU) und der von ihm zu verantwortenden Mordserie vernahm, erfuhr ausgerechnet von den zuständigen Experten, wie untypisch sich die rechtsterroristischen Mitglieder des »NSU« angeblich verhalten hätten, weil sie mit einer ungewöhnlichen Brutalität operiert und sich nicht zu den terroristischen Aktionen bekannt hätten. So wurde der Eindruck erweckt, mit dem »Nationalsozialistischen Untergrund« sei ein völlig neuer Rechtsterrorismus sichtbar geworden. Noch im Februar 2012 erklärte der bayerische Innenminister Joachim Herrmann, derartig kaltblütig geplante Morde hätten alle überrascht und es sei absolut untypisch, dass sich die Terroristen nicht ihrer

Taten gerühmt hätten. Tatsache ist jedoch, dass seit Mitte der 90er-Jahre in den rechtsextemistischen Netzwerken das Nicht-Bekenntnis offen proklamiert wurde. So gut wie niemand schien sich an die 70er- und 80er-Jahre der alten Bundesrepublik mit der Herausbildung zahlreicher rechtsterroristischer Strukturen und Organisationen zu erinnern.

Ich selbst hatte mich damals als Dozent für den Fachbereich Rechtsextremismus im BfV mit den ersten rechtsterroristischen Gruppierungen nach dem Zerfall der NPD Anfang der 70er-Jahre sehr intensiv beschäftigt. Ausgehend von der ersten neonazistischen Protestbewegung »Aktion Widerstand«, die sich gegen die neue Ostpolitik richtete (»Brandt an die Wand«), kam es schon bald zu zahlreichen Versuchen, terroristische Strukturen zu entwickeln. Dazu zählten die »Wehrsportgruppe Hoffmann« (WSG), die ca. 440 Mitglieder hatte und 1980 verboten wurde, die »Deutschen Aktionsgruppen« unter der Führung des Rechtsanwalts Manfred Röder, Michael Kühnens »Aktionsfront Nationaler Sozialisten/Nationale Aktivisten« (ANS/NA) und vor allem die Hepp-Kexel-Gruppe, die Anfang der 80er-Jahre durch Anschläge auf amerikanische Soldaten, Autobomben und Raubüberfälle zur Finanzierung ihrer Logistik auf sich aufmerksam machte. Es trifft zu, dass die rechtsterroristischen Organisationen der 80er- und 90er-Jahre häufig schon in der Entstehungsphase aufgehoben bzw. zerschlagen wurden. Dass dies im Fall der NSU nicht gelang und niemand mit einer »eiskalt kalkulierten Mordserie« gerechnet hatte, begründet jedoch keine neue Dimension des Rechtsterrorismus.

Zu Beginn der 90er-Jahre erlebte das »neue Deutschland« einen bis dahin nicht gekannten Ausbruch rechtsextremistischer Gewalt. Asylbewerberheime wurden angezündet, ebenso die Wohnhäuser von Ausländern. Hünxe, Solingen, Rostock und Mölln, mit einer Vielzahl von Toten, stehen hier nur beispielhaft. Der Rechtsextremismus ist in dieser Zeit jünger, aktionsorientierter und militanter geworden.[108] Die Terrorgruppe »Nationalsozialistischer Untergrund« ist mit ihrer ausgeprägt fremdenfeindlichen Projektion daher als das typische Produkt der 90er-Jahre anzusehen.

Uwe Böhnhardt, Uwe Mundlos und Beate Zschäpe fielen den Sicherheitsbehörden Mitte der 90er-Jahre vor allem durch ihre Aktivitäten in der »Kameradschaft Jena« und dem »Thüringer Heimatschutz« (THS) auf, der so etwas wie eine Dachorganisation der unterschiedlichen Kameradschaften in Thüringen darstellte. Doch sie hatten schon vorher ihre Spuren hinterlassen. So wie Uwe Mundlos, der sich im August 1994 zusammen mit anderen Neonazis in einer Kiesgrube in Straubing zum Weiherfest traf. Ein Polizeibeamter notierte in seinem Bericht über das Treiben der etwa dreißig Neonazis: »Dann gegen 23.15 Uhr hob plötzlich ein Gesang an, in den fast alle zu beobachtenden Teilnehmer einstimmten ›... Das Blut muss fließen ... Und wir scheißen auf die Freiheit dieser Judenrepublik ... Das Messer flutscht in den Judenleib.‹ Und dazu machten die Neonazis Stoßbewegungen mit der Hand.«

»Das braune Terrorpotenzial sammelte sich rund um die neonazistischen Kameradschaften«, schrieb der SPIEGEL bereits im Jahr 2003 und war damit der Wahrheit sehr nahe.[109]

Anders die zuständigen Experten im Bundesamt für Verfassungsschutz. Sie sahen eine solche Entwicklung nicht. In einem zusammenfassenden Bericht des BfV »Gefahr eines bewaffneten Kampfes deutscher Rechtsextremisten – Entwicklungen von 1997 bis Mitte 2004« heißt es: »Möglich ist derzeit allenfalls ein von Kleinstgruppen oder Einzelpersonen (lone wulf) geführter ›Feierabendterrorismus‹.«[110] Die verhängnisvolle Einzeltäter-Hypothese wurde auch von den Thüringer Sicherheitsbehörden vertreten. Nach dem Untertauchen des »Nationalsozialistischen Untergrunds« im Januar 1998 hatte die Bundesanwaltschaft in Thüringen nachgefragt, ob die Voraussetzungen für die Übernahme eines Verfahrens vorlägen. Die Thüringer Sicherheitsbehörden verneinten das mit der Begründung, es handele sich »um Einzeltäter ohne erkennbaren Gruppenzusammenhang«. Die Bundesanwaltschaft sah danach keine Möglichkeit, die Ermittlungen zu übernehmen. Der ehemalige Staatssekretär im Bundesinnenministerium, August Hanning, hielt noch als Zeuge vor dem NSU-Untersuchungsausschuss an dieser Fehleinschätzung fest: »Wir haben lange das Phänomen Einzeltäter unterschätzt«, sagte er.

Die Einzeltäter-Hypothese zieht sich seit Jahrzehnten als eine Art geheimdienstliches und polizeiliches »Dogma« durch die Lageeinschätzungen der Sicherheitsbehörden. Einen besonders krassen Fall stellt der Bombenanschlag auf das Münchner Oktoberfest am 5. September 1980 dar. Das ehemalige Mitglied der »Wehrsportgruppe Hoffmann«, Gundolf Köhler, der bei dem Anschlag selbst ums Leben kam, wurde immer wieder als Einzeltäter bezeichnet. Doch auch er hatte sich vorher in rechtsterroristischen Strukturen bewegt. Grundsätzlich gilt, dass der angebliche »Einzeltäter« in allen terroristischen Gruppierungen die Ausnahme darstellt. Alle Täter links- und rechtsextremistischer Aktionen verfügten in ihrer politischen Sozialisation über Gruppenbezüge und -erfahrungen, und es ist Aufgabe der Sicherheitsbehörden, diese Strukturen zu erkennen.

Die Einzeltäter-Hypothese stellt sich insbesondere im Fall des NSU als geradezu absurd dar. Die Mitglieder Mundlos, Böhnhardt und Zschäpe waren nach dem derzeitigen Erkenntnisstand als »Zelle« der Kern eines terroristischen Netzwerkes, das sich auf einen verlässlichen Kreis von gleichgesinnten Unterstützern stützen konnte. Die Ermittler hätten sich nur an die Strukturen in der Anfangsphase des linken Terrorismus erinnern müssen: Sowohl bei der »Bewegung 2. Juni« wie bei der RAF wurden die illegalen Kader zu Anfang logistisch bei der Legendierung, der Anmietung von Wohnungen und Fahrzeugen umfassend von ihrem politischen Umfeld unterstützt.

Auch der vom BfV in seiner Lageeinschätzung eingeführte Begriff des »Feierabendterroristen« zur Beschreibung rechtsterroristischer Strukturen ist ungeeignet, mögliche rechtsterroristische Strukturen zu beschreiben. Der Begriff des »Feierabendterroristen« war vom ehemaligen Verfassungsschutzpräsidenten Lochte geprägt worden im Zusammenhang mit den Strukturen, die von den »Revolutionären Zellen« in den 70er-Jahren entwickelt worden waren. Diese hatten ihre Aktionen aus der Legalität heraus ausgeführt und sich nicht falscher Identitäten bedient.

»Von den Linken lernen«, das war schon in den 70er-Jahren eine Losung neonazistischer, gewaltbereiter Gruppen. Daher interessierte mich im Zusammenhang mit der Praxis des »Nationalsozialistischen Untergrunds« zunächst die Frage, welche konspirativen Strukturen die am 26. Januar 1998 abgetauchten, späteren mutmaßlichen Terroristen möglicherweise in Anlehnung an andere Gruppen entwickelt hatten. Hatten sie selbst konspirative Wohnungen angemietet? Wie hatten sie das Leben im bürgerlichen Untergrund finanziert? Wie hatten sie ihre Mobilität organisiert? Hatten sie autonom ihre terroristischen Aktionen ohne logistische Unterstützung durch lokale Kameradschaften in Nürnberg und München geplant und ausgeführt? In welchem Umfang hatten sie von früheren »Kameraden« logistische Unterstützung erfahren, und inwieweit waren diese in ihre terroristischen Aktivitäten eingeweiht? Hatten sie Depots angelegt, um Waffen darin zu lagern, Pässe abzulegen usw.

Die bisher vorliegenden Ermittlungsergebnisse beantworten die oben gestellten Fragen nach dem Modus Operandi des NSU weitgehend. Die Morde und die Banküberfälle wurden vom »Nationalsozialistischen Untergrund«, ebenso wie seinerzeit von den Illegalen der RAF, völlig autonom durchgeführt. Bemerkenswert ist jedoch die Tatsache, dass die Unterstützer des NSU in der Zeit der Illegalität, und dies gilt insbesondere für die ersten Jahre, sehr viel enger an die konspirativen Strukturen angebunden waren, als dies bei der RAF der Fall gewesen war. So stellten die besonders vertrauenswürdigen »Kameraden aus der Jenaer Zeit« ihre Ausweise zur Verfügung, gewährten Unterschlupf, mieteten Fahrzeuge an, stellten eine Verbindung zu den Eltern her und besorgten Waffen für die Abgetauchten. Bisher sind auch keine Depots gefunden worden. Insgesamt ist festzustellen, dass die Mitglieder des NSU sich deutlich weniger abschotteten als die Illegalen der RAF, aber dennoch ein ausgeprägtes Sicherheitsbewusstsein zeigten. Sie kontrollierten jährlich durch einen Systemcheck ihre logistischen Bedingungen und Identitäten. Im Falle von Beate Zschäpe bedeutete dies, insgesamt neun Personenidentitäten auf ihre Risiken hin zu überprüfen. In ihrer terroristischen Energie, Präzision und Konsequenz unterschieden sie sich nicht von den aktionistischen Kadern der dritten Generation der RAF. Wie aus der Anklageschrift gegen Beate Zschäpe hervorgeht, gingen die NSU-Mitglieder bei ihren Recherchen genau so akribisch wie die RAF gegen ihre potentiellen Opfer vor. Die Ermittler fanden 90.000 Datensätze mit 10.116 Adressen. Laut Anklage lagen Schwerpunkte auf türkischen, islamischen und jüdischen Einrichtungen und auf Asylbewerberheimen sowie Parteien, Politikern und türkischen Unternehmern. Die Gruppe hatte unter der Bezeichnung »Telefonbuch für Deutschland« Adressen gesammelt, alphabetisch geord-

net und diese in Stadtpläne eingetragen. Auch besondere
Gewohnheiten möglicher Opfer wurden schriftlich festgehalten.

Die Tatsache, dass die Kommunikationsstrukturen zwischen den Mitgliedern des »Nationalsozialistischen Untergrunds« und seinen Unterstützern intensiver und letztlich
auch weniger konspirativ waren, führte dazu, dass die klassischen nachrichtendienstlichen und polizeilichen Instrumente wie die Observation, die Telefonüberwachung und
der Einsatz mehrerer V-Leute anders als bei der Überwachung der RAF bemerkenswerte Ermittlungsansätze ergaben. Die jedoch wurden vor allem durch die Thüringer
Behörden verspielt.

Welche verheerenden Zustände Mitte der 90er-Jahre im
Thüringer Landesamt für Verfassungsschutz herrschten,
geht aus den Aussagen hervor, die von zwei ehemaligen
Verfassungsschützern am 9. Juli 2012 im Thüringer Landtag gemacht wurden. Der Kern ihrer Ausführungen ist in
einer »Dokumentation« festgehalten, die hier auszugsweise
wiedergegeben wird.[111]

Ehemaliger Präsident des Thüringer Landesamtes für Verfassungsschutz Helmut Roewer:

1. *Nach meiner Information hatte nicht einer der Perso*
   nen im Thüringer Landesamt für Verfassungsschutz
   die notwendige Ausbildung. Außer mir.

2. *Ich kann mich nicht mehr an die Anzahl der V-Leute*
   erinnern, es waren vier Abteilungen, die Quellen ange
   worben haben, und es ist auch ganz normal, dass man
   Tarnfirmen installiert.

3. *Ich war zuerst im Bundesministerium für Inneres tätig,*
   da wurde ich gefragt, ob ich nicht Präsident des Thü
   ringer Landesamtes für Verfassungsschutz werden

möchte. Ich war demnach ein Beamter, auf den man großen Wert gelegt hat.

4. *Es gab viele im Amt, die nichts konnten, und nur wenige, die fortgebildet werden konnten. Ich galt als Spitzenkraft auf dem Gebiet Verfassungsschutz.*

5. *Ich habe mich an verschiedenen Stellen in Jena öffentlich gezeigt, um beruhigend auf die chaotische Lage zu wirken und um Informationen nach öffentlichen Veranstaltungen zu gewinnen.*

6. *Einmal musste ich disziplinarrechtlich einschreiten, da hatte einer meiner Mitarbeiter volltrunken einen Dienstwagen zu Schrott gefahren. Hinter der freundlichen Fassade der Mitarbeiter steckt nicht immer Kompetenz.*

7. *Der Karl-Heinz Hoffmann? Das war doch der aus Kahla? Ja, den kenn ich, der hatte doch mit dem CDU-Abgeordneten Wolfgang Fiedler zu tun.*

8. *Es waren 50 Leute im Landesamt für Verfassungsschutz, von den 50 hatte keiner eine richtige Ausbildung. Meine Vorgesetzten waren der Meinung, ich solle das machen (das Amt führen), sie haben mich exzellent beurteilt.*

9. *Es wurde aus unserem Amt versehentlich mal ein Fax an die Grünen geschickt, mit einer Personenliste von PDS-Abgeordneten. Das Fax sollte eigentlich an die CDU gehen und war aber gar nicht autorisiert, ein Mitarbeiter hat das ohne Absprache mit mir gemacht, ich war da im Urlaub.*

10. *Wie ich Verfassungsschutzpräsident wurde? Es war an einem Tag nachts um 23.00 Uhr, da brachte eine mir unbekannte Person eine Ernennungsurkunde vorbei, in einem gelben Umschlag. Es war dunkel, ich konnte sie nicht erkennen. Ich war außerdem betrunken. Am Morgen fand ich den Umschlag jedenfalls noch in meiner Jacke.*

V-Mann-Führer des V-Manns Tino Brandt: Norbert Wießner

1. *Ich habe drei rechte V-Männer geworben und bei ca. fünfzehn erfolglos versucht. Die drei stammen aus Rudolstadt, Gera und Altenburg, die Anwerbung dauert pro Person ca. drei Monate inkl. Observationen.*

2. *Es gab Kollegen, die haben V-Männer direkt nach Erfurt in die VS-Zentrale gebracht oder Treffen zu Hause gemacht.*

3. *Bis 98 wurden beim VS Thüringen drei V-Leute aus der Naziszene und zwei V-Leute aus der linken Szene von den gleichen V-Mannführern betreut.*

4. *Der Thüringer Heimatschutz hat nur Flyer und Aufkleber gemacht, was der V-Mann mit dem Geld gemacht hat, kann ich Ihnen doch nicht sagen.*

5. *Zum Führen eines V-Mannes gehört auch, dass die Person vom Verfassungsschutz gesteuert wird.*

6. *Der Roewer sollte mal aus dem Amt gedrängt werden, dafür wurde ein Dossier angefordert, dazu kam es aber nicht, die Person ist kurzfristig nach einem Urlaub verstorben.*

7. *Skinheads anzuwerben war eine absolute Katastrophe, die besaufen sich und können sich dann an nichts mehr erinnern.*

8. *Über unsere V-Mann-Quellen wurde im Verfassungsschutz beim Cafe im Flur geplaudert, es gab keinen Quellenschutz im Amt.*

9. *In München haben wir uns mit dem BND getroffen, der gab Tipps für die Gründung von Tarnfirmen, da es ja nicht so einfach ist, wegen Steuern und so. Der Roewer wollte unbedingt eine Tarnfirma.*

10. *Das hat mit Geldwäsche nichts zu tun.*

Diese Aussagen ehemals leitender Mitarbeiter im Thüringer Landesamt für Verfassungsschutz sind geeignet, grundlegende Zweifel an der Existenzberechtigung des Verfassungsschutzes zu begründen und zu verstärken. Vieles spricht dafür, dass die hier geschilderten Verhältnisse in besonderem Maße auf die schwierige Situation in der Nach-Wende-Zeit zurückzuführen sind. Doch letztlich ist es das Versagen der Politik, die auf keiner institutionellen Ebene ihren Kontrollpflichten nachgekommen ist.

Der Umgang mit Quellen, die vom Thüringer Verfassungsschutz im rechts- und linksextremistischen Bereich geführt wurden, widerspricht allen bestehenden Vorschriften im Zusammenhang mit der V-Mann-Führung in einem Geheimdienst. Unter diesen Bedingungen war das erfolgreiche Führen einer Spitzenquelle quasi unmöglich. Dies gilt insbesondere für »Otto«(Tino Brandt), der als damaliger Vorsitzender des »Thüringer Heimatschutzes« einer der engsten Bezugspersonen zu den späteren Mitgliedern des NSU war und 2001 als V-Mann des Thüringer Verfassungsschutzes enttarnt wurde.

Die Person Tino Brandt macht in besonderem Maße die Problematik des traditionellen V-Mannes deutlich. Nach eigenen Worten verstand er sich blendend mit Böhnhardt, Mundlos und Zschäpe. Dies lag an der gemeinsamen Gesinnung. Brandt: »Ideologisch standen wir dem Nationalsozialismus sehr nahe.«[112] Brandt erklärte zwar gegenüber der Bundesanwaltschaft, »für mich galt der Grundsatz der Quellenehrlichkeit«[113], aber es muss davon ausgegangen werden, dass er selbst darüber entschied, ob und in welchem Umfang er sein Wissen über die flüchtigen NSU-Mitglieder dem Thüringer Verfassungsschutz mitteilte. Es ist bezeichnend, dass Brandt in seiner Zeit als V-Mann von 1994 bis 2001 umfassend über die politischen Planungen der Thüringer Neonazi-Szene berichtete, dass seine Informationen bezogen auf die NSU aber relativ dosiert waren und letztlich nicht zu dem Aufenthaltsort der Abgetauchten führten.

Besonders problematisch erscheinen die finanziellen Zuwendungen und logistischen Hilfen, die V-Mann Brandt erhalten hat. Dazu erklärte der ehemalige Abteilungsleiter Rechtsextremismus vor dem Thüringer Untersuchungsausschuss zur NSU: »V-Mann Brandt hat auch Technik bekommen, Handys, Computer, Fax, Zuschüsse zum Auto. Brandt sollte nicht allzu sehr nach den dreien nachfragen, nur rumhorchen, damit er nicht auffällt.«[114]

Die Thüringer Verfassungsschützer wollten durch gezielte finanzielle Zuwendungen an Brandt Kontakt zu den drei abgetauchten NSU-Mitgliedern bekommen und als nachrichtendienstliche Maßnahme aktiv auf die Beschaffung von Personaldokumenten Einfluss nehmen. Niemand hat je kontrolliert, ob und in welchem Umfang die an Brandt gezahlten Honorare in Höhe von zweihunderttausend D-Mark »im Wesentlichen in die politische Arbeit geflossen sind«. Immerhin hat Brandt seinerzeit nicht nur den militanten neonazistischen »Thüringer Heimatschutz« angeführt, sondern war auch stellvertretender Landesvorsitzender der NPD in Thüringen.

Der Fall des V-Mannes Tino Brandt zeigt auch, vor welchen Schwierigkeiten eine V-Mann-Führung steht, wenn es tatsächlich gelingt, in die Nähe einer terroristischen Gruppierung vorzudringen. Die Strategie, »nicht allzu sehr nach den dreien nachfragen, nur rumhorchen«, macht einen grundlegenden Zielkonflikt deutlich. Verhält sich ein V-Mann zu auffällig, erhöht sich sein Risiko erheblich. Verhält er sich zu abwartend, dringt er nicht zu den konspirativen Strukturen und Personen vor.

Die Thüringische Landesregierung hatte parallel zu den parlamentarischen Untersuchungen im Thüringischen Landtag eine Kommission unter Vorsitz des ehemaligen Richters am Bundesgerichtshof Gerhard Schäfer eingesetzt, die die Vorgänge in Thüringen von Mitte der 90er-Jahre an bis 2002 untersuchen sollte. Der »Schäferbericht«[115] zur Zusammenarbeit zwischen Polizei und Verfassungsschutz enthält eine für meine Begriffe entscheidende Feststellung. Es heißt da, eine effektive Zusammenarbeit zwischen Verfassungsschutz und Bundeskriminalamt habe nicht stattgefunden: »Das Verhältnis war von Konkurrenzdenken geprägt.« Es ist sehr verwunderlich, dass die Kommission nicht den absolut naheliegenden Schluss zieht und auf die Hauptursache für »katastrophale und erbärmliche Fehler der Thüringer Behörden« hinweist: dass nämlich Polizei und Verfassungsschutz gleichzeitig für den »Thüringer Heimatschutz« und die abgetauchten NSU-Mitglieder zuständig waren. Seit Mitte der 90er-Jahre befassten sich das Thüringer Landeskriminalamt und der Thüringer Verfassungsschutz parallel mit der Aufklärung der neonazistischen Potenziale. Das kann nur funktionieren, wenn die Zusammenarbeit beider Behörden einvernehmlich und erfolgsorientiert ist. Bis zur Jahreswende 1997/1998 scheint das auch der Fall gewesen zu sein. Nach dem Abtauchen von Böhnhardt, Mundlos und Zschäpe änderte es sich grundlegend.

In beiden Behörden kam es zu gravierenden strukturellen Fehlentwicklungen. Die polizeiliche Zielfahndung, heißt es im »Schäfer-Bericht«, sei von Beginn an fehlerhaft gewesen, da die eingesetzten Spezialisten keinen Einblick in die rechtsextremen Strukturen hatten. »Besser und vernünftiger wäre es gewesen, das LKA hätte eine Sonderkommission aus dem Extremismus-Referat mit der Fahndung beauftragt«, so Schäfer. Geradezu vernichtend fällt, wie nicht anders zu erwarten, das Urteil der Schäfer-Kommission über den Thüringischen Verfassungsschutz aus. Diese Kommission leistet das, was eigentlich Aufgabe des Verfassungsschutzes gewesen wäre. Sie formulierte aufgrund der Quellenberichte ein klares Bild von der Lage, in der sich die NSU-Mitglieder Ende der 90er-Jahre befanden. Sie lebten in Chemnitz und forderten innerhalb der Szene immer wieder Geld, Personaldokumente und später sogar Waffen. Von Ende 1999 an hieß es aber, die drei hätten einen Job und lehnten weitere Geldangebote ab. Unterdessen hatten die Banküberfälle begonnen. Diese wichtigen Informationen, die mit einem Quellenbericht des Militärischen Abschirmdienstes vom Dezember 1999 korrespondierten, »die drei Bombenbastler hätten sich schon auf den Spuren von Rechtsextremisten bewegt«, wurden im Thüringer Landesamt für Verfassungsschutz nicht regelmäßig ausgewertet und somit auch nicht an andere Behörden weitergeleitet. »Wenn die ausgewerteten und nachrecherchierten Informationen nach Sachsen gegangen wären«, sagte Schäfer, »wäre selbst dem dümmsten sächsischen Polizisten der Zusammenhang sogleich klar geworden.«

Unter besonderer Berücksichtigung der aktuellen Aussagen des ehemaligen Bundesrichters Gerhard Schäfer am 13. Dezember 2012 vor dem NSU-Untersuchungsausschuss in Berlin komme ich zu folgenden Bewertungen:

1. In den Jahren 1998/99 gab es zahlreiche Möglichkeiten, auf der Basis nachrichtendienstlicher Hinweise den Aufenthaltsort der untergetauchten NSU-Mitglieder festzustellen.

2. In dem Augenblick, in dem im rechtsextremistischen Mileu bekannt wurde, dass die Mitglieder der »Zwickauer Zelle« nicht mehr nach Spenden nachfragten, »weil die jetzt ihre eigenen Sachen machen«, hätte man mit diesem Wissen eine Brücke zu diversen Banküberfällen, die inzwischen dem NSU zugerechnet werden, schlagen können.

3. Spätestens nach dem Nagelbombenanschlag im Juni 2004 in der Kölner Keupstraße hätten Polizei und

Verfassungsschutz Abschied nehmen müssen von der bis dahin präferierten »OK-Theorie«. Das Anschlagziel, die Anschlagart, die Auswertung vorliegender Videoaufzeichnungen und Zeugenaussagen sprachen eindeutig für einen rassistischen, rechtsterroristischen Hintergrund. Hätten die Ermittler die vorher in Nürnberg gewonnenen Informationen mit dem im BKA vorliegenden Dateibestand verknüpft, hätte sich eine Verbindung zu den Mitgliedern der »Zwickauer Zelle« ergeben. Der beste Kenner des NSU-Komplexes, Professor Dr. Hajo Funke, kommt in einem Thesenpapier vom 16. Januar 2013 unter der Überschrift ›Versagen als Muster‹ zu der Einschätzung, dass im Zusammenhang mit den vom Untersuchungsausschuss gesammelten Informationen ein verbreiteter »Trend« beobachtet werden kann, der sich vor allem aus folgenden Faktoren zusammensetzt:

Erstens den Ermittlungs- und Auswertungsschwächen der Verfassungsschutzämter, zweitens einer Stimmung der Relativierung und Bagatellisierung des Rechtsextremismus und einer teils abwertenden Abwehr der Gefahr für Bedrohte, vor allem von Migranten, durch Teile der Verfassungsschützer und ihrer politischen Leitungen, drittens der parallelen Ausrichtung auf Milieu- und organisierte Kriminalitätsraten und damit der »Mitschuld« der Opferfamilien, viertens einer Blockade des gesammelten Wissens und einer damit zusammenhängenden vor allem ab 2003 oder 2004 erfolgten teils bewussten Vertuschung, fünftens – der eigentliche Skandal im Skandal – der Zurückhaltung des ihnen zugeführten Wissens eines Teils der politischen Leitungen über den Tatbestand einer Mordgruppe ab etwa 2003 oder 2004.[116]

Auch wenn ich die Faktorenanalyse nicht in jedem Punkt teile, stimme ich Professor Funke in der zusammenfassenden Bewertung grundsätzlich zu, dass alles dafür spricht, den Verfassungsschutz und das V-Leute-System in Sachen Rechtsextremismus in der bisherigen Form aufzulösen und durch gesetzliche Korrekturen radikal zu reformieren.

XIV Grundzüge einer neuen Sicherheitsarchitektur

Die Geschichte der »Zwickauer Zelle« ist die Geschichte des Versagens sämtlicher Sicherheitsbehörden. Vor allem aber ist sie eine weitere schwere Niederlage des Verfassungsschutzes. In dieser Einschätzung stimmten viele Monate lang alle Experten überein. Auch über die Konsequenzen gab es eine weitgehende Übereinstimmung. Eine neue Sicherheitsarchitektur sei erforderlich, um die sichtbar gewordenen strukturellen, analytischen, operativen und handwerklichen Defizite zu beheben. Inzwischen ist jedoch im politischen Raum von einem grundlegenden Umbau der Sicherheitsbehörden nicht mehr die Rede. Insbesondere nach der skandalträchtigen »Schredder-Aktion« des Bundesamtes für Verfassungsschutz reduzierte sich die »Reformdiskussion« auf die Forderung nach einer »Neuausrichtung« bzw. »Neujustierung« des Verfassungsschutzes. Schon als Ende August 2012 in Berlin die Innenminister zu einer Arbeitssitzung zusammenkamen, lautete ihr Thema: »Die zukünftige Ausrichtung des Verfassungsschutzes in Deutschland«. Damit zeichnete sich ab, dass es aus dem Kreis der Innenministerkonferenz keine Unterstützung für die Forderung nach einer umfassenden Reform der Sicherheitsarchitektur geben wird.

Viele der bisher bekannt gewordenen Reformvorschläge, ein zentrales gemeinsames Extremismus- und Terrorismusabwehrzentrum/GETZ, mehr Transparenz, Offenheit und Kooperation, Intensivierung der parlamentarischen Kontrolle, die Verstärkung der Zuständigkeiten der zentralen Stelle BfV, Quellen-Koordinierung und damit Entwicklung eines bundesweiten Standards für V-Leute gehen tendenziell in die richtige Richtung. Die Umsetzung dieser Vorschläge stellt schon ein Stück »Kulturrevolution« im Verfassungsschutz dar. Doch die Ausführungen des Bundesinnenmisters Hans-Peter Friedrich und des neu ernannten BfV-Präsidenten anlässlich seiner Amtseinführung lassen befürchten, dass aus den Behörden, aus dem administrativen Bereich selbst heraus kaum Initiativen für eine grundlegende Neuausrichtung des Verfassungsschutzes zu erwarten sind.

Bei der Einführung des neuen Präsidenten Hans-Georg Maaßen erklärte Bundesinnenminister Friedrich, der Verfassungsschutz sei ein Frühwarnsystem und habe in der Vergangenheit bei der Bekämpfung der terroristischen Bedrohung »über Jahrzehnte hervorragende Arbeit« geleistet. Er und Maaßen betonten drei Schwerpunkte: eine verbesserte Zusammenarbeit zwischen Bundesamt und Landesämtern, eine transparentere Arbeit dem Parlament gegenüber und eine Modernisierung der »inneren Abläufe«. Auf den Hinweis von Friedrich: »Man kann nicht darüber hinwegsehen, dieses Amt hat Vertrauen verloren«, sagte Maaßen: »Dieses Vertrauen, das wir verloren haben durch die Umstände im Zusammenhang mit der Aufdeckung des ›NSU‹ und den sogenannten Aktenvernichtungen, müssen wir wieder herstellen.« Und weiter: »Der Verfassungsschutz krankt an vielem. Abschaffen kann man ihn trotzdem nicht.«

Man kann von einem neu ernannten BfV-Präsidenten vermutlich nicht erwarten, dass er sein Amt mit der Forderung antritt, die eigene Behörde in der bisherigen Form abzuschaffen. Ich halte es jedoch für dringend erforderlich, Vorschläge, die in diese Richtung gehen und auf eine grundlegende Reform der Aufgaben abzielen, zu diskutieren. Zu den Aufgaben des Inlandsgeheimdienstes zählte bisher neben der Beobachtung rechts- und linksextremistischer sowie islamistischer Bestrebungen auch die Spionageabwehr, der vorbeugende Geheimschutz. Hierzu gibt es eine grundlegende Stellungnahme des Bielefelder Experten für Polizei- und Sicherheitsrecht Christoph Gusy, der ich mich anschließe: »Wenn der Verfassungsschutz erhalten bleiben soll, dann für solche Aufgaben, die er besser wahrnehmen kann als andere Stellen: als sicherheitspolitisches Frühwarnsystem oder bei der strategischen Aufklärung allgemeiner Risikolagen.«[117]

Unter Berücksichtigung der Erfahrungswerte von mehr als vierzig Jahren Terrorismusbekämpfung sollte ein Konzept für eine effektive Terrorismusabwehr von folgenden Tatbeständen ausgehen:

1. Seit Anfang der 70er-Jahre liegt die Zuständigkeit in der Terrorismusbekämpfung faktisch gleichermaßen beim Verfassungsschutz und bei der Polizei. Die dringend notwendige Zusammenarbeit hat bei fast allen terroristischen Bedrohungen nicht funktioniert. Nachrichtendienstliches und polizeiliches Denken können nur schwer in Einklang gebracht werden. Die Übermittlung nachrichtendienstlicher Informationen an die Polizei ist häufig durch restriktive Vorschriften erschwert und völlig unzulänglich.

2. Der Einsatz der klassischen »nachrichtendienstlichen Mittel« hat es bisher nicht ermöglicht, von wenigen Einzelfällen abgesehen, in terroristische Strukturen und Gruppen selbst einzudringen. Ursache dafür sind nicht nur die operativen Schwächen der Dienste, sondern auch die objektiven Bedingungen. Terroristische Gruppierungen, die sich selbst in ihrem Modus Operandi »nachrichtendienstlicher Mittel« bedienen, entziehen sich damit weitgehend staatlichen Überwachungsmaßnahmen.

3. Die Beobachtung und Bekämpfung gewaltorientierter Potenziale und Strukturen sollte daher grundsätzlich eine Aufgabe des »polizeilichen Staatsschutzes« werden. Die historisch auf der fatalen Zusammenarbeit von Polizei und Geheimdienst im Nationalsozialismus begründeten verfassungsrechtlichen Bedenken haben heute keine reale Basis mehr. Der NRW-Innenminister Ralf Jäger hat hierzu dem Nordrhein-Westfälischen Landtag ein Acht-Punkte-Programm vorgestellt, das dieser Vorstellung weitgehend entgegenkommt.

Darin heißt es: »Im Landeskriminalamt NRW wird ein Kompetenzzentrum gegen Rechtsextremismus eingerichtet, das alle relevanten Informationen zusammenführt und bewertet. In besonderen Fällen übernimmt das Kompetenzzentrum die Ermittlungen. In den vier Polizeibehörden Dortmund, Aachen, Wuppertal und Köln, wo es Brennpunkte rechtsmotivierter Kriminalität gibt, werden Sonderkommissionen eingerichtet. Der polizeiliche Staatsschutz wird alle Straftaten – also auch allgemein kriminelle – von gewaltbereiten Rechtsextremisten täterbezogen bearbeiten.«[118]

Einen noch größeren Reformschritt hat der Freistaat Sachsen im November 2012 mit der Bildung eines »Operativen Abwehrzentrum Rechtsextremismus« (OAZ) unternommen. Diesem Zentrum zur Bekämpfung des Rechtsextremismus werden alle operativen Einheiten unterstellt. Zusätzlich wird ein Auswertungszentrum mit Internetrecherche aufgebaut. Hier werden alle Informationen zusammenfließen und ein wöchentlicher Ereigniskalender sowie ein monatliches Lagebild erstellt.

Eine ausschließliche Zuständigkeit der Polizei wird dazu führen, dass die zahlreichen Schnittstellen und Kooperationsnotwendigkeiten im »Irrgarten« (Heribert Prantl) innere Sicherheit endlich überwunden werden. Der zunächst eintretende Kompetenzverlust für die innere Sicherheit wird nicht so groß sein, wie dies von Kritikern möglichweise beklagt werden wird. Eine bundesweite Bestandsaufnahme über die faktische Bearbeitungssituation bei den gewaltorientierten islamistischen, linken und rechten Beobachtungsfeldern wird deutlich machen, dass der polizeiliche Staatsschutz nicht nur in NRW, sondern in allen Bundesländern den Verfassungsschutzbehörden von der Qualität der jeweils vorliegenden Erkenntnisse und Lagebilder her nicht nachsteht.

Ich gehe allerdings davon aus, dass auf der Seite der Polizei erhebliche analytische und operative Anstrengungen notwendig sind, um bisherige Defizite zu beheben. Zu einem Schwerpunktprogramm wird dabei der langfristige Ausbau des bisher vorrangig in der Bekämpfung der organisierten Kriminalität eingesetzten »Verdeckten Ermittlers« gehören. Dabei handelt es sich um hauptamtliche Mitarbeiter aus dem Polizeibereich, die langfristig auf ihren Einsatz vorbereitet werden müssen.

Zahlreiche Beispiele zeigen: Traditionelle V-Leute stellen grundsätzlich und langfristig ein unübersehbares Risiko und eine erhebliche Belastung dar. Sie stehen nicht auf der Seite des Staates, in vielen Fällen haben sie nachweislich als Doppelagenten gehandelt. Ihre nachrichtendienstliche Ehrlichkeit ist nicht sicherzustellen. In nicht wenigen Fällen übten V-Leute ihre Tätigkeit mit Wissen und Abstimmung des jeweiligen Beobachtungsobjektes aus und finanzierten mit einem nicht unerheblichen Teil ihrer Vergütungen auch dessen Aktivitäten. Besonders augenfällig sind auch die langfristigen Belastungen im linksterroristischen Bereich, wo die V-Leute nach ihrer notwendigen »Abschaltung« über viele Jahre hinaus in den Genuss der ihnen zugesagten Schutzfunktion des Staates kamen.

4. Der Verfassungsschutz als Inlandsgeheimdienst hatte seit seiner Gründung seinen Schwerpunkt in der Sammlung

und Auswertung verfassungsfeindlicher Bestrebungen. Er sollte sich auch zukünftig auf diese Aufgaben beschränken. Hier liegt seine eigentliche Kompetenz und Erfahrung. Bei der Wahrnehmung dieser Aufgaben kann er auf den Einsatz von V-Leuten verzichten. Die vorherrschende Einschätzung, dass diese unverzichtbar seien, trifft nicht zu. Einen aktuellen Beweis stellt der vom Bundesrat auf den Weg gebrachte NPD-Verbotsantrag dar, der nach Aussagen aller Beteiligten keine quellengestützten Informationen enthält.

Eine ausreichende Informationsbeschaffung ist auch durch den gezielten und effektiven Einsatz anderer Instrumente möglich. Dies schließt die verstärkte Anwendung »technischer Quellen« ein. Zu Recht hat die thüringische Ministerpräsidentin Christine Lieberknecht darauf hingewiesen, dass allein die über vierhundert Aussteiger aus den rechtsextremistischen Organisationen und Netzwerken ein wichtiges Potential zur Erkenntnisgewinnung darstellen. Mit den behördlichen Aussteigerprogrammen sind die Sicherheitsbehörden, insbesondere in den Ländern Baden-Württemberg und Nordrhein-Westfalen seit Längerem auf dem richtigen Weg.

5. Gegenwärtig befassen sich vier parlamentarische Untersuchungsausschüsse mit dem aktuellen Versagen der Sicherheitsbehörden. Dabei erwies sich eine Anhörung von drei Sachverständigen im bayrischen NSU-Untersuchungsausschuss geradezu als Quantensprung. Zu ihrem Erstaunen erfuhren die Abgeordneten innerhalb von wenigen Stunden von den Politikwissenschaftlern Andrea Röpke, Steffen Kailitz und Hajo Funke, was ihnen der bayrische Verfassungsschutz in den vier vorangegangenen Sitzungen nicht vermittelt hatte: Einen tiefen Einblick in die bayrische Neonazi-Szene. Nicht nur die Ahnungslosigkeit des

bayrischen Verfassungsschutzes war beispielhaft, auch die erkenntnistheoretische Überlegenheit der Rechtsextremismusexperten aus den unterschiedlichen Bereichen der Zivilgesellschaft und der sozialwissenschaftlichen Forschung. Auf diese besorgniserregende Tatsache nimmt auch der Politikwissenschaftler und Verfasssungsschutzexperte Armin Pfahl-Traughber bezug, wenn er in einem »Plädoyer für eine Reform der Sicherheitsbehörden hin zu mehr Analyse« zu dem Ergebnis kommt, »dass es eine stärkere Interaktion von Sicherheitsbehörden und Wissenschaft geben muss«[119]. Er fordert eine vergleichende Extremismusforschung als Analyseinstrument und sieht das BKA in Gestalt der »Forschungsstelle Terrorismus/Extremismus« grundsätzlich gut aufgestellt.

Noch hat der parlamentarische Untersuchungsausschuss des Deutschen Bundestages seine »Beschlussempfehlungen« für eine Reform der Sicherheitsbehörden nicht formuliert. Seine bisherige Arbeit unter dem Vorsitzenden Sebastian Edathy ist von unabhängigen Beobachtern zu Recht als vorbildlich angesehen worden. Eine wirkliche Identifizierung der Struktur- und Mentalitätsprobleme von wichtigen Teilen des Sicherheitsapparates steht jedoch bisher noch aus. Die entscheidende Frage wird sein, ob seine Leistungsfähigkeit den ganz neuen Dimensionen terroristischer Gefahren angepasst werden kann. Auf der Jahresabschlusskonferenz des Generalbundesanwalts im Dezember 2012 mahnte Bundesanwalt Rainer Griesbaum zu Recht mit Blick auf die angeblich »undenkbaren terroristischen Ereignisse mehr ermittlerische Vorausschau und Phantasie« an. Sie zu organisieren ist die Pflicht der Politik.

Anmerkungen

1   Vgl. Bockemühl u.a., *Argumente für die Demokratie – gegen die NPD.*

2   Koch, *Tödliche Schokolade,* Juli 2010, ARD.

3   BfV Spezial, Rechtsextremismus Nr. 21, *Gefahr eines bewaffneten Kampfes deutscher Rechtsextremisten – Entwicklungen von 1997 bis Mitte 2004.*

4   Fromm, *Vom Rechtsextremismus zum Rechtsterrorismus,* WELT Online, 15.12.2011.

5   Vgl. Koenen, *Das rote Jahrzehnt.*

6   Markwardt, *Erlebter BND,* S. 79ff.

7   Schenk, *Der Chef,* S. 240.

8   Wisnewski/Sieker/Landgraeber, *Das RAF-Phantom,* S. 303ff.

9   Gemballa, *Geheim gefährlich, Verfassungsschutz BND MAD Stasi,* S. 67.

10 Nollau, *Wie sicher ist die Bundesrepublik?,* S. 210.

11 Vgl. Dahlke, *Der blinde Fleck,* S. 14.

12 Vgl. DER SPIEGEL, Nr. 11/1977.

13 DER SPIEGEL, Nr. 11/1977, S. 27.

14 Aust, *Mauss, Ein deutscher Agent,.* S. 26ff.

15 Vgl. Scheuer, *Unser Mann in Beirut,* Focus 42/2000

16 Schenk, *Der Chef,* S. 9.

17 Jürgs, *BKA Europol Scotland Yard,* S. 57

18 Kraushaar, *Die RAF und der linke Terrorismus,* S. 1370ff.

19 Süddeutsche Zeitung vom 21.10.2008.

20 Aust, *Der Baader-Meinhof-Komplex,* S. 474ff.

21 DER SPIEGEL, Nr. 17, 4/2007, S. 24.

22 Rollnik, *Keine Angst vor niemand,* S. 25.

23 Klaus, Sie *nannten mich Familienbulle,* S. 168.

24 Aust, *Der Baader-Meinhof-Komplex,* S. 430ff.

25 Haag-Papiere, 1976.

26 Wisniewski, *Wir waren so unheimlich konsequent,* S. 28.

27 Rollnik, *Keine Angst vor niemand,* S. 75.

28 www.freilassung.de.

29 Vgl. Gössner, *GEHEIME Informanten. V-Leute des Verfassungs-schutzes: Kriminelle im Dienst des Staates.*

30 Richter, *Die hohe Kunst der Korruption. Erkenntnisse eines Politikberaters,* S. 195.

31 Gössner, *GEHEIME Informanten. V-Leute des Verfassungsschutzes. Kriminelle im Dienst des Staates,* S. 223ff.

32 Baumann, *Wie alles anfing,* S. 34ff.

33 Aust, *Der Baader-Meinhof-Komplex,* S.62f.

34 Reinders/Fritzsch, *Die Bewegung 2. Juni,* S. 28.

35 Aust, *Der Lockvogel;* Holm DER SPIEGEL, Nr. 19/2002.

36 Meyer, *Staatsfeind,* S. 311.

37 Zitiert nach Wisniewski, *Wir waren so unheimlich konsequent,* S. 243f.

38 Aust, *Mauss, Ein deutscher Agent,* S.247.

39 Ebd. S. 249.

40 ID-Verlag, Archiv, *Bad Kleinen und die Erschießung von Wolfgang Grams,* S.204.

41 Lösch, *Bad Kleinen, Ein Medienskandal und seine Folgen,* S. 10.

42 Erklärung Lochtes gegenüber dem Autor.

43 Winkler, *Die Geschichte der RAF,* S. 434.

44 ID-Verlag, Archiv, *Bad Kleinen und die Erschießung von Wolfgang Grams,* S. 238.

45 Schmidt, *Weggefährten,* S. 99f.

46 Vogel, B./Vogel, H.-J., *Deutschland aus der Vogelperspektive,* S. 145.

47 Vgl. Boock, *Die Entführung und Ermordung des Hanns Martin Schleyer, Eine dokumentarische Fiktion.*

48 Viett, *Nie war ich furchtloser,* S. 130.

49 Ebd. S. 130.

50 Zitiert nach Boock, *Die Entführung und Ermordung des Hanns Martin Schleyer, Eine dokumentarische Fiktion.*

51 Gespräch im kleinen Kreis.

52 Vgl. Wisniewski, *Wir waren so unheimlich konsequent.*

53 Dokumentation, Presse- und Informationsamt der Bundesregierung, Auflage 7.11.1977.

54 Ebd.

55 Ebd.

56 Ebd. S. 38.
57 Pflieger, *Die Rote Armee Fraktion RAF,* S. 116.
58 Klaus, *Sie nannten mich Familienbulle,* S. 269.
59 Vgl. DER SPIEGEL, Nr. 19/1977.
60 Koch, *Tödliche Schokolade,* Juli 2010, ARD.
61 Ebd.
62 Klein, *Rückkehr in die Menschlichkeit,* S. 205.
63 Boock, *Die Entführung und Ermordung des Hanns Martin Schleyer. Eine dokumentarische Fiktion,* S.135.
64 Zitiert nach Kraushaar, *Die RAF und der linke Terrorismus,* S. 894.
65 Verfassungsschutzbericht 1977, S. 138.
66 Ebd. S. 148.
67 Zitiert nach Geiger, *Die Landshut in Mogadischu,* S. 413.
68 Vgl. Viett, *Nie war ich furchtloser.*
69 Rollnik, *Keine Angst vor niemand,* S. 64.
70 Klein, *Rückkehr in die Menschlichkeit,* S. 326.
71 Ebd.
72 Akten des Auswärtigen Amtes, Gedächtnisprotokoll vom 14.8.1977, S.3.
73 Boock, *Die Entführung und Ermordung des Hanns Martin Schleyer, Eine dokumentarische Fiktion,* S. 138.
74 Ebd. S. 160.
75 Kopp, *Terrorjahre,* S. 117ff.
76 Ebd. S. 103.
77 Die politische Meinung Nr. 455, Oktober 2007, Werthebach, *Politische Lehren ziehen,* S. 12f.
78 Matthias Dahlke, Der *blinde Fleck.*
79 Wisniewski, *Wir waren so unheimlich konsequent.* S. 22.
80 Rollnik, *Keine Angst vor niemand.*
81 www.freilassung.de
82 Klaus, *Sie nannten mich Familienbulle.*
83 Interview Lochte
84 Meyer, *Staatsfeind,* S. 298.
85 Hungerstreikerklärung der RAF 1977
86 Texte und Materialien zur Geschichte der RAF, ID-Verlag S. 265ff.
87 Albrecht/Ponto, *Patentöchter,* S. 170.
88 Schröm, *Im Schatten des Schakals,* S. 190.

89 Internet YouTube, SPIEGEL TV.
90 Vgl. Schröm, *Im Schatten des Schakals,* S. 190.
91 Vgl. Bohnsack/Bremer, *Auftrag Irreführung.*
92 Müller, M./Kanonenberg, A., *Die RAF-Stasi-Connection,*
     S. 73.
93 Pohl Interview mit der Frankfurter Rundschau.
94 Müller, M./Kanonenberg, A., *Die RAF-Stasi-Connection,*
     S. 73.
95 Müller, M./Kanonenberg, A., *Die RAF-Stasi-Connection*
96 Aussage eines ehemaligen RAF-Mitglieds.
97 Meyer, *Staatsfeind,* S. 481.
98 Interview DER SPIEGEL, Nr.19/2011.
99 ID-Verlag, *Die Rote Armee Fraktion. Texte und Materialien
     zur Geschichte der RAF,* S. 285.
100 Schröm/Di Garcia, in der Stern-Serie »*Der 11. September*«.
101 Koch, V*erändert Euch. Das Manifest zur Energiewende,*
     S. 66.
102 Vgl. Schäfer, *Der Angriff. Wie der islamistische Terror unseren
     Wohlstand sprengt.*
103 Greiner, *9/11, Der Tag, die Angst, die Folgen.* Umschlag,
     Klappentext.
104 Vgl. DER SPIEGEL Spezial, Nr. 6/2006.
105 Ebd.
106 Prantl, *Verdächtig. Der starke Staat und die Politik der inneren
     Unsicherheit,* S. 84.
107 Prantl, *Verdächtig. Der starke Staat und die Politik der inneren
     Unsicherheit,* S. 10.
108 Fromm, *Vom Rechtsextremismus zum Rechtsterrorismus,*
     WELT Online,15.12.2011.
109 Stoldt, DER SPIEGEL Nr. 26/2012.
110 BfV spezial, R*echtsextremismus Nr.21.* S. 46.
111 http://haskala.de/2012/07/09/top-Aussagen-im-
     untersuchungsausschuss
112 Zitiert nach FOCUS, Nr. 12/2012.
113 Ebd.
114 Ebd.
115 Vgl. Schäfer, Gerhard, Gutachten zum Verhalten der Thüringer
     Behörden und Staatsanwaltschaften bei der Verfolgung des
     »Zwickauer Trios«, 14.5.2012.

116 hajofunke.wordpress.com

117 Gusy, *Außenansicht,* SZ vom 12.7.2012.

118 Ministerium für Inneres und Kommunales des Landes Nordrhein-Westfalen, Pressemitteilung vom 22.12.2011.

119 Zeitschrift Kriminalistik 1/2013.

Quellen- und Literaturauswahl

Albrecht, Julia/Ponto, Corinna: *Patentöchter. Im Schatten der RAF – ein Dialog*, Köln 2011.

Aust, Stefan: *Mauss. Ein deutscher Agent*, Hamburg 1988.

Aust, Stefan: *Der Lockvogel*, Hamburg 2002.

Aust, Stefan: *Der Baader-Meinhof-Komplex*, Hamburg 1985.

Baumann, Bommi: *Wie alles anfing*, Berlin 2007.

Bohnsack, Günter/Brehmer, Herbert: *Auftrag: Irreführung. Wie die Stasi im Westen Politik machte*, Hamburg 1992.

Boock, Peter-Jürgen: *Die Entführung und Ermordung des Hanns Martin Schleyer*, Frankfurt a.M. 2002.

BfV Spezial, *Rechtsextremismus Nr. 21,* Stand 2004.

Bundesminister des Innern (Hg.): *Verfassungsschutzbericht 1977.*

Dokumentation, Presse- und Informationsamt der Bundesregierung, 2. Auflage, 7. November 1977.

Fromm, Heinz: *Vom Rechtsextremismus zum Rechtsterrorismus,* Welt online, 15.12.2011.

Fuchs, Christian/Goetz, John: *Die Zelle. Rechter Terror in Deutschland.*

Gasser, Dr. Karl-Heinz: *Untersuchungsbericht über in den Medien dargestellte Vorgänge in dem Thüringer Landesamt für Verfassungsschutz und deren Auswirkung auf die Funktionsweise des Amtes,* Erfurt 23.8.2000.

Gemballa, Gero: *Geheimgefährlich. Verfassungsschutz BND MAD Stasi,* Köln 1990.

Gössner, Rolf: *Geheime Informanten. V-Leute des Verfassungsschutzes. Kriminelle im Dienst des Staates,* München 2003.

Greiner, Bernd: *9/11. Der Tag, die Angst, die Folgen,* München 2011.

Gujer, Eric: *Kampf an neuen Fronten. Wie sich der BND dem Terrorismus stellt,* Frankfurt a.M. 2006.

Hewicker, Christine: *Die Aussteigerin, Autobiografie einer ehemaligen Rechtsextremistin,* Hamburg 2012.

Heymann, Tobias von: *Die Oktoberfest-Bombe, München 26. September 1980,* Berlin 2012.

ID-Archiv im IISG(Hg.): *Bad Kleinen und die Erschießung von Wolfgang Grams*, Berlin 1994.

ID-Verlag: *Rote Armee Fraktion. Texte und Materialien zur Geschichte der RAF*, Berlin 1997.

Igel, Regine: *Terrorismus-Lügen, Wie die Stasi im Untergrund agierte*, München 2012.

Innenausschuss Sitzung am 21.11.2011, Deutscher Bundestag, Stenografischer Dienst.

Jürgs, Michael: *BKA, Europol, Scotland Yard. Die Jäger des Bösen*, München 2011.

Klein, Hans-Joachim: *Rückkehr in die Menschlichkeit. Appell eines ausgestiegenen Terroristen*, Hamburg 1979.

Koch, Egmont R. u.a.: *Verändert Euch. Das Manifest zur Energiewende*, Berlin 2011.

Koenen, Gerd: *Das rote Jahrzehnt. Unsere kleine deutsche Kulturrevolution* 1967-1977, Frankfurt a. M. 2007.

Kopp, Magdalena: *Die Terrorjahre. Mein Leben an der Seite von Carlos*, München 2007.

Kraushaar, Wolfgang: *Verena Becker und der Verfassungsschutz*, Hamburg 2010.

Kraushaar, Wolfgang (Hg.): *Die RAF und der linke Terrorismus*, Hamburg 2006 (2 Bd).

Leggewie, Claus/Meier, Horst: *Nach dem Verfassungsschutz, Plädoyer für eine neue Sicherheitsarchitektur der Berliner Republik*, Berlin 2012.

Markwardt, Waldemar: *Erlebter BND. Kritisches Plädoyer eines Insiders*, Berlin 1996.

Meier, Richard: *Geheimdienst ohne Maske*, Bergisch Gladbach 1992.

Mergen, Armand: *Die BKA-Story*, München, Berlin 1987.

Meyer, Till: *Staatsfeind. Erinnerungen*, Berlin 2008.

Müller, Michael & Kanonenberg, Andreas: *Die RAF-Stasi-Connection*, Berlin 1992.

Müller, Peter F. & Müller, Michael: *Gegen Freund und Feind. Der BND: Geheime Politik und schmutzige Geschäfte*, Hamburg 2002.

Nollau, Günther: *Wie sicher ist die Bundesrepublik?*, München 1976.

Nollau, Günther: *Das Amt. 50 Jahre Zeuge der Geschichte*, München 1978.

Pflieger, Klaus: *Die Rote Armee Fraktion –RAF–*, Baden-Baden 2007.

Prantl, Heribert: *Verdächtig. Der starke Staat und die Politik der inneren Unsicherheit*, Hamburg 2002.

Reinders, Ralf/Friztsch, Ronald: *Die Bewegung 2. Juni. Gespräche über Haschrebellen, Lorenz-Entführung, Knast,* Hamburg 1995.

Richter, Horst-Eberhard: *Die hohe Kunst der Korruption. Erkenntnisse eines Politik-Beraters*, Hamburg 1989.

Röpke, Andrea/Speit, Andreas: *Mädel-Sache, Frauen in der Neonazi-Szene,* Berlin 2011.

Rollnik, Gabriele & Dubbe, Daniel: *Keine Angst vor niemand*, Hamburg 2003.

Schäfer, Gerhard: *Gutachten zum Verhalten der Thüringer Behörden und Staatsanwaltschaften bei der Verfolgung des »Zwickauer Trios«,* 14.5.2012.

Schäfer, Ulrich: *Der Angriff. Wie der islamistische Terror unseren Wohlstand sprengt*, Frankfurt a. M. 2011.

Schenk, Dieter: *Der Chef. Horst Herold und das BKA*, Hamburg 1998.

Schmidt, Helmut: *Weggefährten. Erinnerungen und Reflexionen*, Berlin 1996.

Schröm, Oliver: *Gefährliche Mission. Die Geschichte des erfolgreichsten deutschen Terrorfahnders,* Frankfurt a. M. 2007.

Staud, Toralf/Radke Johannes: *Neue Nazis, Jenseits der NPD: Populisten, Autonome Nationalisten und der Terror von rechts,* Köln 2012

Stoldt, Hans-Ulrich: DER SPIEGEL Nr. 26/2012.

Theveßen, Elmar: *Nine Eleven. Der Tag, der die Welt veränderte*, Berlin 2011.

Viett, Inge: *Nie war ich furchtloser.* Autobiografie, Hamburg 1999.

Vogel, Bernhard/Vogel, Hans-Jochen: *Deutschland aus der Vogelperspektive. Eine kleine Geschichte der Bundesrepublik,* Freiburg 2007.

Wagner, Helmut: *Schöne Grüße aus Pullach*, Berlin 2000.

Winkler, Willi: *Die Geschichte der RAF*, Hamburg 2008.

Wischnewski, Hans-Jürgen: *Mit Leidenschaft und Augenmaß. In Mogadischu und anderswo, Politische Memoiren*, München 1989.

Wisnewski, Gerhard u.a.: *Das RAF-Phantom. Wozu Politik und Wirtschaft Terroristen brauchen*, München 1992.

Wisniewski, Stefan: *Wir waren so unheimlich konsequent. Ein Gespräch zur Geschichte der RAF mit Stefan Wisniewski*, Berlin 2003.

Abkürzungen

AA – Auswärtiges Amt

Abteilung TE – Abteilung Terrorismus im BKA und BND

ANS/NA – Aktionsfront Nationaler Sozialisten/Nationale Aktivisten

BEFA – Beobachtende Fahndung

BfV – Bundesamt für Verfassungsschutz

BK – Bundeskanzleramt

BKA – Bundeskriminalamt

BM-Häftlinge – Baader-Meinhof-Häftlinge

BMI – Bundesinnenministerium

BND – Bundesnachrichtendienst

ETA – Baskische Untergrundorganisation

HA – Hauptabteilung im MfS

HÜ – Häftlingsüberwachung

IISG – Internationales Institut für Sozialgeschichte

INPOL – Informationssystem der Polizei

IRA – Irish Republican Army

JVA – Justizvollzugsanstalt

KW – Konspirative Wohnung

MfS – Ministerium für Staatssicherheit

NADIS – Nachrichtendienstliches Informationssystem

NPD – Nationaldemokratische Partei Deutschlands

NSU – Nationalsozialistischer Untergrund

OAZ – Operatives Abwehrzentrum

OK – Organisierte Kriminalität

ÖS – Öffentliche Sicherheit

ÖTV – Gewerkschaft Öffentliche Dienste, Transport und Verkehr (heute ver.di)

OLG – Oberlandesgericht

OPEC – Organisation Öl exportierender Staaten

OV Separat – Operativvorgang »Carlos-Gruppe«

P-Akte – Personen-Akte

PB – Polizeiliche Beobachtung

PFLP – Popular Front for the Liberation of Palestine (Volksfront zur Befreiung Palästinas)

PFLP-SC – Popular Front for the Liberation of Palestine – Special Command

PIOS – BKA-Datei: Personen, Informationen, Organisationen, Sachen

PLO – Palästinensische Befreiungsorganisation

PR – Präsident des BKA

RAF – Rote Armee Fraktion

RZ – Revolutionäre Zellen

S-Akte – Sach-Akte

SAM-7 – Russische Rakete

TAZ – Die Tageszeitung

THS – Thüringer Heimatschutz

UCA – Under Cover Agent

V-Frau – Verbindungsfrau

V-Mann – Verbindungsmann

Personenregister